ŒUVRES
DE
MOLIERE,
NOUVELLE ÉDITION

Enrichie de Figures en taille-douce.

TOME HUITIEME.

AMSTERDAM,

AUX DÉPENS DE LA COMPAGNIE.

M. DCC. LXXII.

TABLE

DES PIECES CONTENUES

dans ce huitieme Volume.

LA COMTESSE D'ESCARBAGNAS.

LE MALADE IMAGINAIRE, Comédie-Ballet.

REMERCIEMENT AU ROI.

LA GLOIRE DU VAL-DE-GRACE.

L'OMBRE DE MOLIERE.

EXTRAITS de divers Auteurs.

RECUEIL de diverses Pieces.

LA COMTESSE
D'ESCARBAGNAS,
COMEDIE.

ACTEURS.

LA COMTESSE D'ESCARBAGNAS.

LE COMTE, Fils de la Comtesse d'Escarbagnas.

LE VICOMTE, Amant de Julie.

JULIE, Amante du Vicomte.

MONSIEUR TIBAUDIER, Conseiller, Amant de la Comtesse.

MONSIEUR HARPIN, Receveur des Tailles, autre Amant de la Comtesse.

MONSIEUR BOBINET, Précepteur de M. le Comte.

ANDRÉE, suivante de la Comtesse.

JEANNOT, Valet de M. Tibaudier.

CRIQUET, Valet de la Comtesse.

La Scene est à Angouléme.

LA COMTESSE DESCARBAGNAS.

LA COMTESSE D'ESCARBAGNAS
COMÉDIE.

SCENE PREMIERE.

JULIE, LE VICOMTE.

LE VICOMTE.

Hé quoi, Madame, vous êtes déjà ici ?

JULIE.

Oui. Vous en devriez rougir de honte, Cléante ; & il n'est guere honnête à un Amant de venir le dernier au rendez-vous.

LE VICOMTE.

Je serois ici il y a une heure, s'il n'y avoit point de fâcheux au monde, & j'ai été arrêté en chemin par un vieux importun de qualité, qui m'a demandé tout exprès des nouvelles de la Cour, pour trouver un moyen de m'en dire des plus extravagantes qu'on puisse débiter ; & c'est-là, comme vous sçavez, le fléau des petites Villes, que ces grands Nouvellistes qui cherchent par-tout où répandre les contes qu'ils ramassent. Celui-ci m'a montré d'abord deux feuilles de papier, pleines jusqu'aux bords d'un grand fratras de balivernes, qui viennent, m'a-t-il dit, de l'endroit le plus sûr du monde. Ensuite, comme d'une chose fort curieuse, il m'a fait avec grand mystere une fatigante lecture de toutes les méchantes plaisanteries de la Gazette de Hollande, dont il épouse les intérêts. Il tient que la France est battue en ruine par la plume de cet Ecrivain, & qu'il ne faut que ce bel esprit pour défaire toutes nos troupes, & delà s'est jetté à corps perdu dans le raisonnement du Ministere, dont il remarque tous les défauts, & d'où j'ai cru qu'il ne sortiroit point. A l'entendre parler, il sçait les secrets du Cabinet, mieux que ceux qui les font. La politique de l'Etat lui laisse voir tous ses desseins ; & elle ne fait pas un pas, dont il ne pénetre les intentions. Il nous apprend les ressorts cachés de tout ce qu'il fait, nous découvre les vues de la prudence de nos voisins, & remue, à sa fantaisie, toutes les affaires de l'Europe. Ses intelligences mêmes s'étendent jusqu'en Afrique, & en Asie, & il est informé de tout ce qui s'agite dans le Conseil d'en-haut du Prête-Jean, & du Grand Mogol.

JULIE.

Vous parez votre excuse du mieux que vous pouvez, afin de le rendre agréable, & faire qu'elle soit plus aisément reçue.

LE VICOMTE.

C'est-là, belle Julie, la véritable cause de mon retardement ; & si je voulois lui donner une excuse galante, je n'aurois qu'à vous dire que le rendez-vous que vous voulez prendre peut autoriser la paresse dont vous me querellez ; que m'engager à faire l'amant de la Maîtresse du logis, c'est me mettre en état de craindre de me trouver ici le premier ; que cette

COMEDIE.

feinte où je me force n'étant que pour vous plaire, j'ai lieu de ne vouloir en souffrir la contrainte que devant les yeux qui s'en divertissent; que j'évite le tête à tête avec cette Comtesse ridicule dont vous m'embarrassez; &, en un mot, que ne venant ici que pour vous, j'ai toutes les raisons du monde d'attendre que vous y soyiez.

JULIE.

Nous sçavons bien que vous ne manquerez jamais d'esprit pour donner de belles couleurs aux fautes que vous pouvez faire. Cependant, si vous étiez venu une demie heure plutôt, nous aurions profité de tous ces momens, car j'ai trouvé en arrivant que la Comtesse étoit sortie; & je ne doute point qu'elle ne soit allée par la ville se faire honneur de la Comédie que vous me donnez sous son nom.

LE VICOMTE.

Mais tout de bon, Madame, quand voulez-vous mettre fin à cette contrainte, & me faire moins acheter le bonheur de vous voir?

JULIE.

Quand nos parens pourront être d'accord, ce que je n'ose espérer. Vous sçavez, comme moi, que les démêlés de nos deux familles ne nous permettent point de nous voir autre part; & que mes freres, non plus que votre pere, ne sont pas assez raisonnables pour souffrir notre attachement.

LE VICOMTE.

Mais pourquoi ne pas mieux jouir du rendez-vous que leur inimitié nous laisse, & me contraindre à perdre, en une sotte feinte, les momens que j'ai près de vous?

JULIE.

Pour mieux cacher notre amour; & puis, à vous dire la vérité, cette feinte dont vous parlez, m'est une Comédie fort agréable; & je ne sçais si celle que vous nous donnez aujourd'hui me divertira davantage. Notre Comtesse d'Escarbagnas, avec son per-

A 4

pétuel entêtement de qualité, est un aussi bon personnage qu'on en puisse mettre sur le Théatre. Le petit voyage qu'elle a fait à Paris, la ramene dans Angoulême plus achevée qu'elle n'étoit. L'approche de l'air de la Cour a donné à son ridicule de nouveaux agrémens; & sa sottise tous les jours ne fait que croître & embellir.

LE VICOMTE.

Oui; mais vous ne considérez pas que le jeu qui vous divertit, tient mon cœur au supplice, & qu'on n'est point capable de se jouer long-tems, lorsqu'on a dans l'esprit une passion aussi sérieuse que celle que je sens pour vous. Il est cruel, belle Julie, que cet amusement dérobe à mon amour un tems qu'il voudroit employer à vous expliquer son ardeur; &, cette nuit, j'ai fait là-dessus quelques vers que je ne puis m'empêcher de vous reciter, sans que vous me le demandiez, tant la demangeaison de dire ses ouvrages est un vice attaché à la qualité de Poëte.

C'est trop long-tems, Iris, me mettre à la torture.

Iris, comme vous le voyez, est mise là pour Julie.

C'est trop long-tems, Iris, me mettre à la torture;
Et, si je suis vos loix, je les blâme tous bas
De me forcer à taire un tourment que j'endure,
Pour déclarer un mal que je ne ressens pas.

Faut-il que vos beaux yeux, à qui je rends les armes,
Veuillent se divertir de mes tristes soupirs?
Et n'est-ce pas assez de souffrir pour vos charmes,
Sans me faire souffrir encor pour vos plaisirs?

C'en est trop à la fois que ce double martyre;
Et ce qu'il me faut taire, & ce qu'il me faut dire,
Exerce sur mon cœur pareille cruauté.

COMEDIE.

L'amour le met en feu, la contrainte le tue;
Et, si par la pitié vous n'êtes combattue,
Je meurs & de la feinte & de la vérité.
JULIE.
Je vois que vous vous faites-là bien plus mal traité que vous n'êtes ; mais c'est une licence que prennent Messieurs les Poëtes, de mentir de gaieté de cœur, & de donner à leurs maîtresses des cruautés qu'elles n'ont pas, pour s'accommoder aux pensées qui leur peuvent venir. Cependant je serai bien-aise que vous me donniez ces vers par écrit.
LE VICOMTE.
C'est assez de vous les avoir dits, & je dois en demeurer-là. Il est permis d'être par fois assez fou pour faire des vers ; mais non pour vouloir qu'ils soient vus.
JULIE.
C'est en vain que vous vous retranchez sur une fausse modestie, on sçait dans le monde que vous avez de l'esprit ; & je ne vois pas la raison qui vous oblige à cacher les vôtres.
LE VICOMTE.
Mon Dieu ! Madame, marchons là-dessus, s'il vous plaît, avec beaucoup de retenue ; il est dangereux dans le monde de se mêler d'avoir de l'esprit. Il y a là-dedans un certain ridicule qu'il est facile d'attraper, & nous avons de nos amis qui me font craindre leur exemple.
JULIE.
Mon Dieu ! Cléante, vous avez beau dire, je vois avec tout cela, que vous mourez d'envie de me les donner ; & je vous embarrasserois, si je faisois semblant de ne m'en pas soucier.
LE VICOMTE.
Moi, Madame, vous vous moquez, & je ne suis pas si Poëte que vous pourriez croire pour.... Mais voici votre Madame la Comtesse d'Escarbagnas. Je sors par l'autre porte pour ne la point trouver ; &

vais disposer tout mon monde au divertissement que je vous ai promis.

SCENE II.

LA COMTESSE, JULIE, ANDRÉE, & CRIQUET *dans le fond du Théatre.*

LA COMTESSE.

AH, mon Dieu! Madame, vous voilà toute seule? Quelle pitié est-ce-là? Toute seule! Il me semble que mes gens m'avoient dit, que le Vicomte étoit ici.

JULIE.

Il est vrai qu'il y est venu; mais c'est assez pour lui de sçavoir que vous n'y étiez pas, pour l'obliger à sortir.

LA COMTESSE.

Comment! Il vous a vue?

JULIE.

Oui.

LA COMTESSE.

Et il ne vous a rien dit?

JULIE.

Non, Madame; & il a voulu témoigner par-là qu'il est tout entier à vos charmes.

LA COMTESSE.

Vraiment, je le veux quereller de cette action. Quelque amour que l'on ait pour moi, j'aime que ceux qui m'aiment, rendent ce qu'ils doivent au sexe; & je ne suis point de l'humeur de ces femmes injustes, qui s'applaudissent des incivilités que leurs amans font aux autres belles.

JULIE.

Il ne faut point, Madame, que vous soyiez surprise de son procédé. L'amour que vous lui donnez éclate

dans toutes ses actions, & l'empêche d'avoir des yeux que pour vous.
LA COMTESSE.
Je crois être en état de pouvoir faire naître une passion assez forte, & je me trouve pour cela assez de beauté, de jeunesse & de qualité, Dieu merci; mais cela n'empêche pas qu'avec ce que j'inspire, on ne puisse garder de l'honnêteté & de la complaisance
(l'appercevant Criquet.)
pour les autres. Que faites-vous donc là, laquais ? Est-ce qu'il n'y a pas une antichambre où se tenir, pour venir quand on vous appelle ? Cela est étrange qu'on ne puisse avoir en Province un laquais qui sçache son monde. A qui est-ce donc que je parle ? Voulez-vous vous en aller là dehors, petit fripon ?

SCENE III.
LA COMTESSE, JULIE, ANDRÉE.

LA COMTESSE *à Andrée*.

Fille, approchez.
ANDRÉE.
Que vous plaît-il, Madame ?
LA COMTESSE.
Ôtez-moi mes coëffes. Doucement donc, mal adroite, comme vous me saboulez la tête avec vos mains pesantes.
ANDRÉE.
Je fais, Madame, le plus doucement que je puis.
LA COMTESSE.
Oui; mais le plus doucement que vous pouvez est fort rudement pour ma tête, & vous me l'avez déboëtée. Tenez encore ce manchon, ne laissez point traîner tout cela, & portez-le dans ma garderobe.

Hé bien, où va-t-elle, où va-t-elle, que veut-elle faire, cet oison bridé ?

ANDRÉE.

Je veux, Madame, comme vous m'avez dit, porter cela aux garderobes.

LA COMTESSE.

(*à Julie.*)

Ah, mon Dieu ! L'impertinente ! Je vous demande
(*à Andrée.*)
pardon, Madame. Je vous ai dit ma garderobe, grosse bête, c'est-à-dire, où sont mes habits.

ANDRÉE.

Est-ce, Madame, qu'à la Cour une armoire s'appelle une garderobe ?

LA COMTESSE.

Oui, butorde ; on appelle ainsi le lieu où l'on met les habits.

ANDRÉE.

Je m'en ressouviendrai, Madame, aussi-bien que de votre grenier, qu'il faut appeller gardemeuble.

SCENE IV.

LA COMTESSE, JULIE.

LA COMTESSE.

Quelle peine il faut prendre pour instruire ces animaux-là ?

JULIE.

Je les trouve bienheureux, Madame, d'être sous votre discipline.

LA COMTESSE.

C'est une fille de ma mere nourrice que j'ai mise à la chambre, & elle est toute neuve encore.

JULIE.

Cela est d'une belle ame, Madame ; & il est glorieux de faire ainsi des créatures.

COMEDIE.

LA COMTESSE.

Allons, des sieges. Holà, laquais, laquais, laquais. En vérité, voilà qui est violent, de ne pouvoir pas avoir un laquais pour donner des sieges. Filles, laquais, laquais, laquais, filles, quelqu'un. Je pense que tous mes gens sont morts, & que nous serons contraintes de nous donner des sieges nous-mêmes.

SCENE V.

LA COMTESSE, JULIE, ANDRÉE.

ANDRÉE.

Que voulez-vous, Madame ?

LA COMTESSE.

Il se faut bien égosiller avec vous autres.

ANDRÉE.

J'enfermois votre manchon & vos coëffes dans votre armoi... dis-je, dans votre garderobe.

LA COMTESSE.

Appellez-moi ce petit fripon de laquais.

ANDRÉE.

Hôlà, Criquet.

LA COMTESSE.

Laissez-là votre Criquet, bouviere ; & appellez, laquais.

ANDRÉE.

Laquais donc, & non pas Criquet, venez parler à Madame. Je pense qu'il est sourd. Criq....Laquais, laquais.

SCENE VI.

LA COMTESSE, JULIE, ANDRÉE, CRIQUET.

CRIQUET.

Plaît-il ?

LA COMTESSE.

Où étiez-vous donc, petit coquin ?

CRIQUET.

Dans la rue, Madame.

LA COMTESSE.

Et pourquoi dans la rue ?

CRIQUET.

Vous m'avez dit d'aller là-dehors.

LA COMTESSE.

Vous êtes un petit impertinent, mon ami, & vous devez sçavoir que là-dehors, en termes de personnes de qualité, veut dire, l'anti-chambre. Andrée ayez soin tantôt de faire donner le fouet à ce petit fripon-là, par mon Écuyer ; c'est un petit incorrigible.

ANDRÉE.

Qu'est-ce que c'est, Madame, que votre Écuyer ? Est-ce maître Charles, que vous appellez comme cela ?

LA COMTESSE.

Taisez-vous, sotte que vous êtes, vous ne sauriez ouvrir la bouche que vous ne disiez une imperti-
(à Criquet.)   (à Andrée.)
nence. Des sieges. Et vous, allumez deux bougies dans mes flambeaux d'argent, il se fait déjà tard. Qu'est-ce que c'est donc, que vous me regardez toute effarée ?

ANDRÉE.

Madame....

COMEDIE.

LA COMTESSE.

Hé bien, Madame, qu'y a-t-il ?

ANDRÉE.

C'est que....

LA COMTESSE.

Quoi ?

ANDRÉE.

C'est que je n'ai point de bougie.

LA COMTESSE.

Comment, vous n'en avez point ?

ANDRÉE.

Non, Madame, si ce n'est des bougies de suif.

LA COMTESSE.

La bouviere ! Et où est donc la cire que je fis acheter ces jours passés ?

ANDRÉE.

Je n'en ai point vu depuis que je suis céans.

LA COMTESSE.

Otez-vous de-là, insolente. Je vous renverrai chez vos parens. Apportez-moi un verre d'eau.

SCENE VII.

LA COMTESSE & JULIE *faisant des cérémonies pour s'asseoir.*

LA COMTESSE.

Madame.

JULIE.

Madame.

LA COMTESSE.

Ah ! Madame.

JULIE.

Ah ! Madame.

LA COMTESSE.
Mon Dieu, Madame !
JULIE.
Mon Dieu, Madame !
LA COMTESSE.
Oh ! Madame.
JULIE.
Oh ! Madame.
LA COMTESSE.
Hé ! Madame.
JULIE.
Hé ! Madame.
LA COMTESSE.
Hé, allons donc, Madame.
JULIE.
Hé, allons donc, Madame.
LA COMTESSE.
Je suis chez moi, Madame. Nous sommes demeurées d'accord de cela. Me prenez-vous pour une provinciale, Madame ?
JULIE.
Dieu m'en garde, Madame.

SCENE VIII.

LA COMTESSE, JULIE, ANDRÉE *apportant un verre d'eau*, **CRIQUET.**

LA COMTESSE à *Andrée*.

Allez impertinente, je bois avec une soucoupe. Je vous dis que vous m'alliez quérir une soucoupe pour boire.

ANDRÉE.

Criquet, qu'est-ce que c'est qu'une soucoupe ?

CRIQUET.

Une soucoupe ?

COMEDIE. 17
ANDRÉE.
Oui.
CRIQUET.
Je ne ſçais.
LA COMTESSE à Andrée.
Vous ne grouillez pas.
ANDRÉE.
Nous ne ſçavons pas tous deux, Madame, ce que c'eſt qu'une ſoucoupe.
LA COMTESSE.
Apprenez que c'eſt une aſſiette, ſur laquelle on met le verre.

SCENE IX.

LA COMTESSE, JULIE.

LA COMTESSE.

Vive Paris, pour être bien ſervie ; on vous entend-là au moindre coup d'œil.

SCENE X.

LA COMTESSE, JULIE, ANDRÉE *apportant un verre d'eau avec une aſſiette deſſus*, CRIQUET.

LA COMTESSE.

HÉ bien, vous ai-je dit comme cela, tête de bœuf ? C'eſt deſſous qu'il faut mettre l'aſſiette.
ANDRÉE.
Cela eſt bien aiſé. (*Andrée caſſe le verre en le poſant ſur l'aſſiette.*)

LA COMTESSE.

Hé bien, ne voilà pas l'étourdie ? En vérité, vous me paierez mon verre.

ANDRÉE.

Hé bien, oui, Madame, je le paierai.

LA COMTESSE.

Mais voyez cette mal-adroite, cette bouviere, cette butorde, cette...

ANDRÉE *s'en allant.*

Dame, Madame, si je le paie, je ne veux point être querellée.

LA COMTESSE.

Otez-vous de devant mes yeux.

SCENE XI.
LA COMTESSE, JULIE.

LA COMTESSE.

EN vérité, Madame, c'est une chose étrange que les petites villes, on n'y sçait point du tout son monde; & je viens de faire deux ou trois visites, où ils ont pensé me désespérer, par le peu de respect qu'ils rendent à ma qualité.

JULIE.

Où auroient-ils appris à vivre ? Ils n'ont point fait de voyage à Paris.

LA COMTESSE.

Ils ne laisseroient pas de l'apprendre, s'ils vouloient écouter les personnes; mais le mal que j'y trouve, c'est qu'ils veulent en savoir autant que moi, qui ai été deux mois à Paris, & vu toute la Cour.

JULIE.

Les sottes gens que voilà !

LA COMTESSE.

Ils sont insupportables, avec les impertinentes éga-

COMEDIE.

lités dont ils traitent les gens. Car enfin, il faut qu'il y ait de la subordination dans les choses; & ce qui me met hors de moi, c'est qu'un Gentilhomme de ville de deux jours, ou de deux cens ans, aura l'effronterie de dire qu'il est aussi-bien Gentilhomme que feu Monsieur mon mari, qui demeuroit à la campagne, qui avoit meute de chiens courans, & qui prenoit la qualité de Comte dans tous les contrats qu'il passoit.

JULIE.

On sçait bien mieux vivre à Paris dans ces hôtels dont la mémoire doit être si chere. Cet hôtel de Mouhy, Madame, cet hôtel de Lyon, cet hôtel de Hollande, les agréables demeures que voilà !

LA COMTESSE.

Il est vrai qu'il y a bien de la différence de ces lieux-là, à tout ceci. On y voit venir du beau monde, qui ne marchande point à vous rendre tous les respects qu'on sçauroit souhaiter. On ne se leve pas, si l'on veut, de dessus son siege; &, lorsque l'on veut voir la revue, ou le grand ballet de Psiché, on est servi à point nommé.

JULIE.

Je pense, Madame, que durant votre séjour à Paris, vous avez bien fait des conquêtes de qualité.

LA COMTESSE.

Vous pouvez bien croire, Madame, que tout ce qui s'appelle les galans de la Cour, n'a pas manqué de venir à ma porte, & de m'en conter; & je garde dans ma cassette de leurs billets qui peuvent faire voir quelles propositions j'ai refusés; il n'est pas nécessaire de vous dire leurs noms, on sçait ce qu'on veut dire par les galans de la Cour.

JULIE.

Je m'étonne, Madame, que, de tous ces grands noms que je devine, vous ayez pû redescendre à un Monsieur Tibaudier le Conseiller, & à Monsieur Harpin le Receveur des tailles. La chûte est grande, je

# LA COMT. D'ESCARBAGNAS,
vous l'avoue; car pour Monsieur votre Vicomte, quoique Vicomte de Province, c'est toujours un Vicomte, & il peut faire un voyage à Paris, s'il n'en a point fait ; mais un Conseiller & un Receveur sont des amans un peu bien minces, pour une grande Comtesse comme vous.

LA COMTESSE.

Ce sont gens qu'on ménage dans les Provinces pour le besoin qu'on en peut avoir ; ils servent au moins à remplir les vuides de la galanterie, à faire nombre de soupirans. Il est bon, Madame, de ne pas laisser un amant seul maître du terrain, de peur que, faute de rivaux, son amour ne s'endorme sur trop de confiance.

JULIE.

Je vous avoue, Madame, qu'il y a merveilleusement à profiter de tout ce que vous dites ; c'est une école que votre conversation, & j'y viens tous les jours apprendre quelque chose.

SCENE XII.

LA COMTESSE, JULIE, ANDRÉE, CRIQUET.

CRIQUET à la Comtesse.

Voilà Jeannot de Monsieur le Conseiller qui vous demande, Madame.

LA COMTESSE.

Hé bien, petit coquin, voilà encore une de vos âneries. Un laquais qui sçauroit vivre, auroit été parler tout bas à la Demoiselle suivante, qui seroit venue dire tout doucement à l'oreille de sa Maîtresse : Madame, voilà le laquais de Monsieur un tel, qui demande à vous dire un mot ; à quoi la Maîtresse auroit répondu, faites-le entrer.

SCENE XIII.

LA COMTESSE, JULIE, ANDRÉE, CRIQUET, JEANNOT.

CRIQUET.

Entrez, Jeannot.

LA COMTESSE.
(à Jeannot.)

Autre lourderie. Qu'y a-t-il, laquais? que portes-tu là?

JEANNOT.

C'est Monsieur le Conseiller, Madame, qui vous souhaite le bon jour; & auparavant que de venir, vous envoie des poires de son Jardin, avec ce petit mot d'écrit.

LA COMTESSE.

C'est du bon-chrétien, qui est fort beau. Andrée, faites porter cela à l'office.

SCENE XIV.

LA COMTESSE, JULIE, CRIQUET, JEANNOT.

LA COMTESSE *donnant de l'argent à Jeannot*.

Tien, mon enfant, voilà pour boire.

JEANNOT.

Oh! non, Madame.

LA COMTESSE.

Tien, te dis-je.

LA COMT. D'ESCARBAGNAS,

JEANNOT.
Mon Maître m'a défendu, Madame, de rien prendre de vous.

LA COMTESSE.
Cela ne fait rien.

JEANNOT.
Pardonnez-moi, Madame.

CRIQUET.
Hé, prenez, Jeannot. Si vous n'en voulez pas, vous me le baillerez.

LA COMTESSE.
Dis à ton Maître que je le remercie.

CRIQUET *à Jeannot qui s'en va.*
Donne-moi donc cela.

JEANNOT.
Oui ? quelque sot !

CRIQUET.
C'est moi qui te l'ai fait prendre.

JEANNOT.
Je l'aurois bien pris sans toi.

LA COMTESSE.
Ce qui me plaît de ce Monsieur Tibaudier, c'est qu'il sçait vivre avec les personnes de ma qualité, & qu'il est fort respectueux.

SCENE XV.
LE VICOMTE, LA COMTESSE, JULIE, CRIQUET.

LE VICOMTE.
Madame, je viens vous avertir que la Comédie sera bientôt prête ; & que, dans un quart-d'heure, nous pouvons passer dans la salle.

LA COMTESSE. (*à Criquet.*)
Je ne veux point de cohue au moins. Que l'on dise

COMEDIE. 23

à mon Suisse qu'il ne laisse entrer personne.

LE VICOMTE.

En ce cas, Madame, je vous déclare que je renonce à la Comédie, & je n'y sçaurois prendre de plaisir, lorsque la compagnie n'est pas nombreuse. Croyez-moi, si vous voulez vous bien divertir, qu'on dise à vos gens de laisser entrer toute la ville.

LA COMTESSE.

(au Vicomte après qu'il s'est assis.)

Laquais, un siege. Vous voilà venu à propos pour recevoir un petit sacrifice que je veux bien vous faire. Tenez, c'est un billet de Monsieur Tibaudier, qui m'envoie des poires. Je vous donne la liberté de le lire tout haut ; je ne l'ai point encore vu.

LE VICOMTE *après avoir lu tout bas le billet.*

Voici un billet du beau style, Madame, & qui mérite d'être écouté.

Madame, je n'aurois pas pu vous faire le present que je vous envoie, si je ne recueillois pas plus de fruit de mon jardin, que j'en recueille de mon amour.

LA COMTESSE.

Cela vous marque clairement qu'il ne se passe rien entre nous.

LE VICOMTE.

Les poires ne sont pas encore bien mûres, mais elles en quadrent mieux avec la dureté de votre ame, qui, par ses continuels dédains, ne me promet pas poires molles. Trouvez bon, Madame, que, sans m'engager dans une énumération de vos perfections & charmes, qui me jetteroit dans un progrès à l'infini, je conclus ce mot, en vous faisant considérer que je suis d'un aussi franc chrétien que les poires que je vous envoie, puisque je rends le bien pour le mal ; c'est-à-dire, Madame, pour m'expliquer plus intelligiblement, puisque je vous presente des poires de bon-chrétien, pour des poires d'angoisse que vos cruautés me font avaler tous les jours.

TIBAUDIER, *votre esclave indigne.*

Voilà, Madame, un billet à garder.

LA COMTESSE.

Il y a peut-être quelque mot qui n'eſt pas de l'Académie ; mais j'y remarque un certain reſpect qui me plaît beaucoup.

JULIE.

Vous avez raiſon, Madame ; &, Monſieur le Vicomte, dût-il s'en offenſer, j'aimerois un homme qui m'écriroit comme cela.

SCENE XVI.

M. TIBAUDIER, LE VICOMTE, LA COMTESSE, JULIE, CRIQUET.

LA COMTESSE.

APprochez, Monſieur Thibaudier, ne craignez point d'entrer. Votre billet a été bien reçu, auſſi-bien que vos poires ; & voilà Madame qui parle pour vous contre votre rival.

M. TIBAUDIER.

Je lui ſuis bien obligé, Madame ; &, ſi elle a jamais quelque procès en notre Siege, elle verra que je n'oublierai pas l'honneur qu'elle me fait, de ſe rendre auprès de vos beautés l'Avocat de ma flamme.

JULIE.

Vous n'avez pas beſoin d'Avocat, Monſieur, & votre cauſe eſt juſte.

M. TIBAUDIER.

Ce néanmoins, Madame, bon droit a beſoin d'aide ; & j'ai ſujet d'appréhender de me voir ſupplanté par un tel rival, & que Madame ne ſoit circonvenue par la qualité de Vicomte.

LE VICOMTE.

J'eſpérois quelque choſe, Monſieur Tibaudier,

avant

avant votre billet ; mais il me fait craindre pour mon amour.

M. TIBAUDIER.

Voici encore, Madame, deux petits versets ou couplets que j'ai composés à votre honneur & gloire.

LE VICOMTE.

Ah ! Je ne pensois pas que Monsieur Tibaudier fut Poëte ; & voilà pour m'achever, que ces deux petits versets-là.

LA COMTESSE.
(*à Criquet.*)

Il veut dire deux strophes. Laquais, donnez un siége à Monsieur Tibaudier,
(*bas à Criquet qui apporte une chaise.*)
Un pliant, petit animal. Monsieur Tibaudier, mettez-vous-là, & nous lisez vos strophes.

M. TIBAUDIER.

Une personne de qualité
   Ravit mon ame,
Elle a de la beauté,
   J'ai de la flamme ;
   Mais je la blâme
D'avoir de la fierté.

LE VICOMTE.

Je suis perdu après cela.

LA COMTESSE.

Le premier vers est beau ; une personne de qualité.

JULIE.

Je crois qu'il est un peu trop long, mais on peut prendre une licence pour dire une belle pensée.

LA COMTESSE *à M. Tibaudier.*

Voyons l'autre strophe.

M. TIBAUDIER.

Je ne sçais pas si vous doutez de mon parfait amour ;
   Mais je sçais bien que mon cœur, à toute heure,
   Veut quitter sa chagrine demeure,
Pour aller, par respect, faire au vôtre sa cour.

Tome VIII.   B

Après cela pourtant, sûre de ma tendresse,
Et de ma foi, dont unique est l'espece,
Vous devriez à votre tour,
Vous contentant d'être Comtesse,
Vous dépouiller en ma faveur d'une peau de tigresse,
Qui couvre vos appas, la nuit comme le jour.

LE VICOMTE.

Me voilà supplanté, moi, par Monsieur Tibaudier.

LA COMTESSE.

Ne pensez pas vous moquer ; pour des vers faits dans la Province, ces vers-là sont fort beaux.

LE VICOMTE.

Comment, Madame ! Me moquer ? Quoique son rival, je trouve ses vers admirables, & ne les appelle pas seulement deux strophes, comme vous, mais deux Epigrammes, aussi bonnes que toutes celles de Martial.

LA COMTESSE.

Quoi ? Martial fait-il des vers ? Je pensois qu'il ne fît que des gants ?

M. TIBAUDIER.

Ce n'est pas ce Martial-là, Madame, c'est un auteur qui vivoit il y a trente ou quarante ans.

LE VICOMTE.

Monsieur Tibaudier à lu les Auteurs, comme vous le voyez. Mais allons voir, Madame, si ma Musique & ma Comédie, avec mes Entrées de Ballet, pourront combattre dans votre esprit les progrès des deux strophes & du billet que nous venons de voir.

LA COMTESSE.

Il faut que mon fils le Comte soit de la partie ; car il est arrivé ce matin de mon Château avec son Précepteur, que je vois là-dedans.

SCENE XVII.

LA COMTESSE, JULIE, LE VICOMTE, M. TIBAUDIER, M. BOBINET, CRIQUET.

LA COMTESSE.

Holà, Monsieur Bobinet. Monsieur Bobinet, approchez-vous du monde.

M. BOBINET.

Je donne le bon vêpre à toute l'honorable compagnie. Que desire Madame la Comtesse d'Escarbagnas, de son très-humble serviteur Bobinet.

LA COMTESSE.

A quelle heure, Monsieur Bobinet, êtes-vous parti d'Escarbagnas, avec mon fils le Comte ?

M. BOBINET.

A huit heures trois quarts, Madame, comme votre commandement me l'avoit ordonné.

LA COMTESSE.

Comment se portent mes deux autres fils, le Marquis & le Commandeur ?

M. BOBINET.

Ils sont, Dieu grace, Madame, en parfaite santé.

LA COMTESSE.

Où est le Comte ?

M. BOBINET.

Dans votre belle chambre à alcove, Madame.

LA COMTESSE.

Que fait-il, Monsieur Bobinet ?

M. BOBINET.

Il compose un thême, Madame, que je viens de lui dicter sur une épitre de Ciceron.

LA COMTESSE.

Faites-le venir, Monsieur Bobinet ?

M. BOBINET.

Soit fait ainsi que vous le commandez.

SCENE XVIII.

LA COMTESSE, JULIE, LE VICOMTE, M. TIBAUDIER.

LE VICOMTE à la Comtesse.

CE Monsieur Bobinet, Madame, a la mine fort sage; & je crois qu'il a de l'esprit.

SCENE XIX.

LA COMTESSE, JULIE, LE VICOMTE, LE COMTE, M. BOBINET, M. TIBAUDIER.

M. BOBINET.

ALlons, Monsieur le Comte, faites voir que vous profitez des bons documens qu'on vous donne. La réverence à toute l'honnête assemblée.

LA COMTESSE montrant Julie.

Comte, saluez Madame, faites la révérence à Monsieur le Vicomte, saluez Monsieur le Conseiller.

M. TIBAUDIER.

Je suis ravi, Madame, que vous me concédiez la grace d'embrasser Monsieur le Comte votre fils. On ne peut pas aimer le tronc, qu'on n'aime aussi les branches.

LA COMTESSE.

Mon Dieu! Monsieur Tibaudier, de quelle comparaison vous servez-vous-là!

JULIE.

En vérité, Madame, Monsieur le Comte a tout-à-fait bon air.

LE VICOMTE.

Voilà un jeune Gentilhomme qui vient bien dans le monde.

COMEDIE.

JULIE.

Qui diroit que Madame eut un si grand enfant ?

LA COMTESSE.

Hélas ! Quand je le fis, j'étois si jeune ; que je me jouois encore avec une poupée.

JULIE.

C'est Monsieur votre frere, & non pas Monsieur votre fils.

LA COMTESSE.

Monsieur Bobinet, ayez bien soin au moins de son éducation.

M. BOBINET.

Madame, je n'oublierai aucune chose pour cultiver cette jeune plante, dont vos bontés m'ont fait l'honneur de me confier la conduite ; & je tâcherai de lui inculquer les semences de la vertu.

LA COMTESSE.

Monsieur Bobinet, faites-lui un peu dire quelque petite galanterie de ce que vous lui apprenez.

M. BOBINET.

Allons, Monsieur le Comte, recitez votre leçon d'hier au matin.

LE COMTE.

Omne viro soli quod convenit esto virile, omne vi...

LA COMTESSE.

Fi, Monsieur Bobinet, quelles sottises est-ce que vous lui apprenez-là !

M. BOBINET.

C'est du Latin, Madame, & la premiere régle de Jean Despautére.

LA COMTESSE.

Mon Dieu ? Ce Jean Despautére-là est un insolent ; & je vous prie de lui enseigner du Latin plus honnête que celui-là.

M. BOBINET.

Si vous voulez, Madame qu'il acheve, la glose expliquera ce que cela veut dire.

LA COMTESSE.

Non, non, cela s'explique assez.

SCENE XX.

LA COMTESSE, JULIE, LE VICOMTE, M. TIBAUDIER, LE COMTE, M. BOBINET, CRIQUET.

CRIQUET.

LEs Comédiens envoient dire qu'ils sont tous prêts.

LA COMTESSE,
(montrant Julie.)

Allons nous placer. Monsieur Tibaudier, prenez Madame.

(Criquet range tous les sièges sur un des côtés du théatre, la Comtesse, Julie & le Vicomte s'asseient ; M. Tibaudier s'assied aux pieds de la Comtesse.)

LE VICOMTE.

Il est nécessaire de dire que cette Comédie, n'a été faite que pour lier ensemble les différens morceaux de Musique & de Danse, dont on a voulu composer ce divertissement, & que...

LA COMTESSE.

Mon Dieu ! Voyons l'affaire. On a assez d'esprit pour comprendre les choses.

LE VICOMTE.

Qu'on commence le plutôt qu'on pourra, & qu'on empêche, s'il se peut, qu'aucun fâcheux ne vienne troubler notre divertissement.

(Les violons commencent une ouverture.)

SCENE XXI.

LA COMTESSE, JULIE, LE VICOMTE, LE COMTE, M. HARPIN, M. TIBAUDIER, M. BOBINET, CRIQUET.

M. HARPIN.

PArbleu, la chose est belle, & je me réjouis de voir ce que je vois.

COMÉDIE.

LA COMTESSE.
Holà, Monsieur le Receveur, que voulez-vous donc dire avec l'action que vous faites ? Vient-on interrompre, comme cela, une Comédie ?

M. HARPIN.
Morbleu, Madame, je suis ravi de cette aventure, & ceci me fait voir ce que je dois croire de vous, & l'assurance qu'il y a au don de votre cœur, & aux sermens que vous m'avez faits de sa fidélité.

LA COMTESSE.
Mais vraiment ! On ne vient point ainsi se jetter au travers d'une Comédie, & troubler un Acteur qui parle.

M. HARPIN.
Hé, têtebleu, la véritable Comédie qui se fait ici, c'est celle que vous jouez ; &, si je vous trouble, c'est de quoi je me soucie peu.

LA COMTESSE.
En vérité, vous ne sçavez ce que vous dites.

M. HARPIN.
Si fait, morbleu, je le sçais bien ; je le sçais bien, morbleu ; & ....

(*M. Bobinet épouvanté, emporte le Comte & s'enfuit ; il est suivi par Criquet.*

LA COMTESSE.
Ah, fi, Monsieur, que cela est vilain de jurer de la sorte !

M. HARPIN.
Hé, ventrebleu, s'il y a ici quelque chose de vilain, ce ne sont point mes juremens, ce sont vos actions ; & il vaudroit bien mieux que vous jurassiez, vous, la tête, la mort & le sang, que de faire ce que vous faites avec Monsieur le Vicomte.

LE VICOMTE.
Je ne sçais pas, Monsieur le Receveur, de quoi vous vous plaignez ; & si....

M. HARPIN *au Vicomte.*
Pour vous, Monsieur, je n'ai rien à vous dire, vous

faites bien de pousser votre pointe, cela est naturel, je ne le trouve point étrange ; & je vous demande pardon, si j'interromps votre Comédie ; mais vous ne devez point trouver étrange aussi que je me plaigne de son procédé, & nous avons raison tous deux de faire ce que nous faisons.

LE VICOMTE.

Je n'ai rien à dire à cela ; & je ne sçais point les sujets de plainte que vous pouvez avoir contre Madame la Comtesse d'Escarbagnas.

LA COMTESSE.

Quand on a des chagrins jaloux, on n'en use point de la sorte ; & l'on vient doucement se plaindre à la personne que l'on aime.

M. HARPIN.

Moi, me plaindre doucement ?

LA COMTESSE.

Oui. L'on ne vient point crier, de dessus un Théatre, ce qui se doit dire en particulier.

M. HARPIN.

J'y viens, moi, morbleu, tout exprès ; c'est le lieu qu'il me faut, & je souhaiterois que ce fût un Théatre public, pour vous dire, avec plus d'éclat, toutes vos vérités.

LA COMTESSE.

Faut-il faire un si grand vacarme pour une Comédie que Monsieur le Vicomte me donne ? Vous voyez que Monsieur Tibaudier, qui m'aime, en use plus respectueusement que vous.

M. HARPIN.

Monsieur Tibaudier en use comme il lui plaît, je ne sçais pas de quelle façon Monsieur Tibaudier a été avec vous, mais Monsieur Tibaudier n'est pas un exemple pour moi ; & je ne suis point d'humeur à payer les violons pour faire danser les autres.

LA COMTESSE.

Mais, vraiment, Monsieur le Receveur, vous ne songez pas à ce que vous dites. On ne traite point

COMÉDIE.

de la sorte les femmes de qualité ; & ceux qui vous entendent croiroient qu'il y a quelque chose d'étrange entre vous & moi.

M. HARPIN.
Hé ! Ventrebleu, Madame, quittons la fariboles.

LA COMTESSE.
Que voulez-vous donc dire avec votre, quittons la fariboles ?

M. HARPIN.
Je veux dire que je ne trouve point étrange que vous vous rendiez au mérite de Monsieur le Vicomte ; vous n'êtes pas la premiere femme qui joue dans le monde de ces sortes de caracteres, & qui ait auprès d'elle un Monsieur le Receveur, dont on lui voit trahir & la passion & la bourse, pour le premier venu qui lui donnera dans la vue. Mais ne trouvez pas étrange aussi que je ne sois point la dupe d'une infidélité si ordinaire aux coquettes du tems, & que je vienne vous assurer, devant bonne compagnie, que je romps commerce avec vous ; & que Monsieur le Receveur ne sera plus pour vous Monsieur le Donneur.

LA COMTESSE.
Cela est merveilleux, comme les amans emportés deviennent à la mode ! On ne voit autre chose de tous côtés. Là, là, Monsieur le Receveur, quittez votre colere ; & venez prendre place pour voir la Comédie.

M. HARPIN.
(montrant M. Tibaudier.)
Moi, morbleu, prendre place ! Cherchez vos benêts à vos pieds. Je vous laisse, Madame la Comtesse, à Monsieur le Vicomte ; & ce sera à lui que j'envoyerai tantôt vos lettres. Voilà ma scene faite, voilà mon rôle joué. Serviteur à la compagnie.

M. TIBAUDIER.
Monsieur le Receveur, nous nous verrons autre part qu'ici ; & je vous ferai voir que je suis au poil & à la plume.

LA COMT. D'ESCARBAGNAS,

M. HARPIN *en sortant.*

Tu as raison, Monsieur Tibaudier.

LA COMTESSE.

Pour moi, je suis confuse de cette insolence.

LE VICOMTE.

Les jaloux, Madame, sont comme ceux qui perdent leur procès, ils ont permission de tout dire. Prêtons silence à la Comédie.

SCENE DERNIERE.

LA COMTESSE, LE VICOMTE, JULIE, M. TIBAUDIER, JEANNOT.

JEANNOT *au Vicomte.*

Voilà un billet, Monsieur, qu'on nous a dit de vous donner vîte.

LE VICOMTE *lisant.*

En cas que vous ayez quelque mesure à prendre, je vous envoie promptement un avis. La querelle de vos parens, & de ceux de Julie vient d'être accommodée; & les conditions de cet accord, c'est le mariage de vous & d'elle. Bon soir.

(*à Julie.*)

Ma foi, Madame, voilà notre Comédie achevée aussi. (*Le Vicomte, la Comtesse, Julie, & Monsieur Tibaudier se levent.*

JULIE.

Ah! Cléante, quel bonheur! Notre amour eût-il osé espérer un si heureux succès!

LA COMTESSE.

Comment donc? Qu'est-ce que cela veut dire?

LE VICOMTE.

Cela veut dire, Madame, que j'épouse Julie; &, si vous m'en croyez, pour rendre la Comédie com-

plette de tout point, vous épouserez Monsieur Tibaudier, & donnerez Mademoiselle Andrée à son laquais, dont il fera son valet de chambre.
LA COMTESSE.
Quoi! Jouer de la sorte une personne de ma qualité.
LE VICOMTE.
C'est sans vous offenser, Madame; & les Comédies veulent de ces sortes de choses.
LA COMTESSE.
Oui, Monsieur Tibaudier, je vous épouse, pour faire enrager tout le monde.
M. TIBAUDIER.
Ce m'est bien de l'honneur, Madame.
LE VICOMTE à la Comtesse.
Souffrez, Madame, qu'en arrageant, nous puissions voir ici le reste du spectacle.

F I N.

NOMS DE CEUX QUI RÉPRESENTOIENT dans la Comtesse d'Escarbagnas.

La Comtesse *Mademoiselle Marotte.* Julie Marquise, *Mademoiselle Beauval.* Cléante, Vicomte, *le Sieur la Grange.* Le petit Comte, fils de la Comtesse, *le Sieur Gaudon.* Bobinet, *le Sieur Beauval.* M. Tibaudier, Conseiller, *le Sieur Hubert.* M. Harpin, Receveur des tailles, *le Sieur du Croisi.* Andrée, *Mademoiselle Bonneau.* Criquet, *le Sieur Finet.* Jeannot, *le Sieur Boulonnois.*

AVERTISSEMENT.

LE Roi s'étant proposé de donner un divertissement à Madame, à son arrivée à la Cour, choisit les plus beaux endroits des ballets qui avoient été representés devant lui depuis quelques années, & ordonna à Moliere de composer une Comédie, qui enchaînât tous ces morceaux différens de musique & de danse. Moliere composa pour cette fête, la Comtesse d'Escarbagnas, Comédie en prose & une Pastorale; ce divertissement parut à saint Germain en Laye au mois de Décembre 1671, sous le titre de *Ballet des Ballets*.

Ces deux Pieces composoient sept Actes qui étoient précédés d'un Prologue, & qui étoient suivis chacun d'un Intermede. La Comtesse d'Escarbagnas ne parut sur le Théatre du Palais Royal qu'en un Acte, au mois de Juillet 1672, telle qu'on la joue encore aujourd'hui, & telle qu'elle est imprimée. Il y a apparence qu'elle étoit divisée d'abord en plusieurs Actes. Pour ce qui est de la Pastorale, il ne nous en reste que le nom des Acteurs, & des Comédiens qui la representoient.

COMEDIE.

ACTEURS DE LA PASTORALE.

UNE NYMPHE. . . . *Mademoiselle de Brie.*
LA BERGERE en homme. . *Mademoiselle Moliere.*
LA BERGERE en femme. . . *Mademoiselle Moliere.*
UN BERGER Amant. . . . . . *le Sieur Baron.*
I. PASTRE. . . . . . . *le Sieur Moliere.*
II. PASTRE. . . . . *le Sieur la Thorilliere.*
UN TURC. . . . . . *le Sieur Moliere.*

Voici quel étoit l'ordre & la distribution des Actes & des Intermedes de ce divertissement.

PROLOGUE.

Le Prologue réunissoit le premier Intermede des Amans magnifiques, avec les chants & les danses du Prologue de Psiché. Vénus descendue du Ciel, jettoit les fondemens de toute la Comédie & des divertissemens qui devoient suivre.

PREMIER ACTE DE LA COMEDIE.

PREMIER INTERMEDE.

La plainte qui fait le premier Intermede de Psiché

SECOND ACTE DE LA COMEDIE.

SECOND INTERMEDE.

Cérémonie magique de la Pastorale comique representée dans la troisieme entrée du Ballet des Muses.

TROISIEME ACTE DE LA COMEDIE.

TROISIEME INTERMEDE.

Combat des suivans de l'Amour, & des suivans de Bacchus, qui fait le quatrieme Intermede de George Dandin.

QUATRIEME ACTE DE LA COMEDIE.

QUATRIEME INTERMEDE.

Entrée d'une Egyptienne, dansant & chantant, suivie de douze Egyptiens dansans, tirée de la Pastorale Comique, représentée dans la troisieme entrée du Ballet des Muses.

38 LA COMPT. D'ESCARBAGNAS,

Entrée de Vulcain, des Cyclopes, & des Fées, qui fait le second Intermede de Psiché.

CINQUIEME ACTE DE LA COMEDIE.

CINQUIEME INTERMEDE.

Cérémonie Turque, du quatrieme Acte du Bourgeois Gentilhomme.

SIXIEME ACTE DE LA COMEDIE.

SIXIEME INTERMEDE.

Entrée d'Italiens, tirée du Ballet des Nations, representé à la suite du Bourgeois Gentilhomme.
Entrée d'Espagnols, tirée du même Ballet des Nations.

SEPTIEME & dernier Acte DE LA COMEDIE.

SEPTIEME & dernier INTERMEDE.

Entrée d'Appollon, de Bacchus, de Mome, & de Mars, qui fait le dernier Intermede de Psiché.

Fin du Ballet des Ballets.

LE MALADE
IMAGINAIRE.
COMEDIE-BALLET.

ACTEURS.

ACTEURS DE LA COMÉDIE.

ARGAN, Malade imaginaire.
BELINE, seconde Femme d'Argan.
ANGELIQUE, Fille d'Argan.
LOUISON, petite Fille, sœur d'Angelique.
BERALDE, Frere d'Argan.
CLEANTE, Amant d'Angélique.
MONSIEUR DIAFOIRUS, Médecin.
THOMAS DIAFOIRUS, Fils de Monsieur Diafoirus.
MONSIEUR PURGON, Médecin.
MONSIEUR FLEURANT, Apothicaire.
MONSIEUR BONNEFOI, Notaire.
TOINETTE, servante d'Argan.

ACTEURS DU PROLOGUE.

FLORE.
DEUX ZÉPHYRS dansans.
CLIMENE.
DAPHNÉ.
TIRCIS, Amant de Célimene, chef d'une troupe de Bergers.
DORILAS, Amant de Daphné, chef d'une troupe de Bergers.
BERGERS & BERGERES de la suite de Tircis, chantans & dansans.
BERGERS & BERGERES de la suite de Dorilas, chantans & dansans.
PAN.
FAUNES dansans.

ACTEURS DES INTERMEDES.

DANS LE PREMIER ACTE.
POLICHINELLE.

UNE VIELLE.
VIOLONS.
ARCHERS chantans & dansans.

DANS LE SECOND ACTE.

UNE EGYPTIENNE chantante.
UN EGYPTIEN chantant.
EGYPTIENS & EGYPTIENNES, chantans & dansans.

DANS LE TROISIEME ACTE.

TAPISSIERS, dansans.
LE PRESIDENT de la Faculté de Médecine.
DOCTEURS.
ARGAN, Bachelier.
APOTHICAIRES avec leurs mortiers & leurs pilons.
PORTE-SERINGUES.
CHIRURGIENS.

La Scene est à Paris.

LE MALADE IMAGINAIRE,

COMÉDIE-BALLET.

Près les glorieuses fatigues, & les exploits victorieux de notre Auguste Monarque, il est bien juste que tous ceux qui se mêlent d'écrire, travaillent ou à ses louanges, ou à son divertissement. C'est ce qu'ici l'on a voulu faire ; & ce Prologue est un essai des louanges de ce grand Prince, qui donne entrée à la Comédie du *Malade imaginaire*, dont le projet a été fait pour le délasser de ses nobles travaux.

PROLOGUE.

Le Théatre représente un lieu champêtre.

SCENE PREMIERE.

FLORE, DEUX ZEPHYRS dansans.

FLORE.

Quittez, quittez vos troupeaux,
Venez Bergers, venez Bergeres,
accourez, accourez sous ces tendres ormeaux ;
viens vous annoncer des nouvelles bien chéres,

LE MALADE IMAGINAIRE

PROLOGUE.

Et réjouir tous ces hameaux.
Quittez, quittez vos troupeaux,
Venez bergers, venez bergeres,
Accourez, accourez sous ses tendres ormeaux.

SCENE II.

FLORE, DEUX ZEPHYRS *dansans*, CLIMENE, DAPHNÉ, TIRCIS, DORILAS.

CLIMENE *à Tircis*, & DAPHNÉ *à Dorilas*.

Berger, laissons-là tes feux,
Voilà Flore qui nous appelle.
TIRCIS *à Climene*, & DORILAS *à Daphné*.
Mais au moins, dis-moi, cruelle,
TIRCIS.
Si d'un peu d'amitié tu payeras mes vœux.
DORILAS.
Si tu seras sensible à mon ardeur fidelle.
CLIMENE, & DAPHNÉ.
Voilà Flore qui nous appelle.
TIRCIS & DORILAS.
Ce n'est qu'un mot, un mot, un seul mot que je veux.
TIRCIS.
Languirai-je toujours dans ma peine mortelle?
DORILAS.
Puis-je espérer qu'un jour tu me rendras heureux?
CLIMENE, & DAPHNÉ.
Voilà Flore qui nous appelle.

SCENE III.

FLORE, DEUX ZEPHYRS *dansans*, CLIMENE, DAPHNÉ, TIRCIS, DORILAS, BERGERS & BERGERES *de la suite de Tircis & de Dorilas, chantans & dansans.*

PREMIERE ENTRÉE DE BALLET.

Les Bergers & les Bergeres vont se placer en cadence autour de Flore.

CLIMENE.

Quelle nouvelle parmi nous,
Déesse, doit jetter tant de réjouissance?

DAPHNÉ.

Nous brûlons d'apprendre de vous
Cette nouvelle d'importance.

DORILAS.

D'ardeur nous en soupirons tous.

CLIMENE, DAPHNÉ, TIRCIS, DORILAS.

Nous en mourons d'impatience.

FLORE.

La voici; silence, silence.
Vos vœux sont exaucés, LOUIS est de retour,
Il ramene en ces lieux les plaisirs & l'amour,
Et vous voyez finir vos mortelles allarmes.
Par ses vastes exploits son bras voit tout soumis,
    Il quitte les armes
    Faute d'ennemis.

PROLOGUE

CHŒUR.

Ah, quelle douce nouvelle !
Qu'elle est grande ! Qu'elle est belle !
Que de plaisirs ! Que de ris ! Que de jeux !
Que de succès heureux !
Et que le Ciel a bien rempli nos vœux !
Ah ! quelle douce nouvelle !
Qu'elle est grande ! Qu'elle est belle !

II. ENTRÉE DE BALLET.

Les Bergers & les Bergeres expriment, par leurs danses, les transports de leur joie.

FLORE.

De vos flûtes bocageres
Réveillez les plus beaux sons,
LOUIS offre à vos chansons
La plus belle des matieres.
　　Après cent combats
　　Où cueille son bras
　　Une ample victoire,
　　Formez, entre vous,
　　Cent combats plus doux,
　　Pour chanter sa gloire.

CHŒUR.

　　Formons, entre nous,
　　Cent combats plus doux,
　　Pour changer sa gloire.

FLORE.

Mon jeune amant, dans ce bois,
Des presens de mon empire,
Prépare un prix à la voix
Qui sçaura le mieux nous dire
Les vertus & les exploits
Du plus auguste des Rois.

CLIMENE.

Si Tircis a l'avantage,

LE MALADE IMAGINAIRE,

DAPHNÉ
Si Dorilas est vainqueur.
CLIMENE.
A le chérir je m'engage.
DAPHNÉ.
Je me donne à son ardeur.
TIRCIS.
O trop chere espérance !
DORILAS.
O mot plein de douceur !
TIRCIS & DORILAS.
Plus beau sujet & plus belle récompense,
Peuvent-ils animer un cœur ?

Tandis que les violons jouent un air pour animer les deux Bergers au combat, Flore, comme Juge, va se placer au pied d'un arbre, qui est au milieu du Théatre, les deux troupes de Bergers & de Bergeres se placent chacune du côté de leur Chef.

TIRCIS.
Quand la neige fondue enfle un torrent fameux,
Contre l'effort soudain de ses flots écumeux
  Il n'est rien d'assez solide ;
  Digues, châteaux, villes & bois,
  Hommes & troupeaux à la fois,
  Tout cede au courant qui le guide ;
  Tel, & plus fier & plus rapide,
  Marche LOUIS dans ses exploits.

III. ENTRÉE DE BALLET.

Les Bergers & les Bergeres de la suite de Tircis, dansent autour de lui pour exprimer leurs applaudissemens.

DORILAS.

LE foudre menaçant qui perce avec fureur
L'affreuse obscurité de la nue enflammée,
  Fait, d'épouvante & d'horreur,

PROLOGUE. 47

Trembler le plus ferme cœur.
Mais, à la tête d'une armée,
LOUIS jette plus de terreur.

IV. ENTRÉE DE BALLET.

Les Bergers & les Bergeres de la suite de Dorilas applaudissent à ses chants en dansant autour de lui.

TIRCIS.

Es fabuleux exploits que la Grece a chantés,
Par un brillant amas de belles vérités,
    Nous voyons la gloire effacée ;
    Et tous ces fameux demi-Dieux
    Que vante l'histoire passée
    Ne sont point à notre pensée,
    Ce que LOUIS est à nos yeux.

V. ENTRÉE DE BALLET.

Les Bergers & les Bergeres du côté de Tircis recommencent leurs danses.

DORILAS.

LOUIS fait à nos tems, par ses faits inouis,
Croire tous les beaux faits que nous chante l'histoire
    Des siecles évanouis ;
    Mais nos neveux, dans leur gloire,
    N'auront rien qui fasse croire
    Tous les beaux faits de LOUIS.

VI. ENTRÉE DE BALLET.

Les Bergers & les Bergeres du côté de Dorilas recommencent aussi leurs danses.

VII. ENTRÉE DE BALLET.

Les Bergers & les Bergeres de la suite de Tircis & de Dorilas, se mêlent & dansent ensemble.

SCENE IV.

FLORE, PAN, DEUX ZEPHIRS *danſans*, CLIMENE, DAPHNÉ TIRCIS, DORILAS, FAUNES, *danſans*, BERGERS & BERGERES *chantans & danſans*.

PAN.

Laiſſez, laiſſez, Bergers, ce deſſein téméraire,
Hé, que voulez-vous faire ?
Chanter ſur vos chalumeaux,
Ce qu'Apollon ſur ſa lyre,
Avec ſes chants les plus beaux,
N'entreprendroit pas de dire,
C'eſt donner trop d'eſſor au feu qui vous inſpire,
C'eſt monter vers les Cieux ſur des aîles de cire,
Pour tomber dans le fond des eaux.
Pour chanter de LOUIS l'intrépide courage,
Il n'eſt point d'aſſez docte voix,
Point de mots aſſez grands pour en tracer l'image ;
Le ſilence eſt le langage
Qui doit louer ſes exploits.
Conſacrez d'autres ſoins à ſa pleine victoire.
Vos louanges n'ont rien qui flattent ſes déſirs ;
Laiſſez, laiſſez-là ſa gloire,
Ne ſongez qu'à ſes plaiſirs

CHŒUR.

Laiſſons, laiſſons-là ſa gloire,
Ne ſongeons qu'à ſes plaiſirs.

FLORE *à Tircis & à Dorilas*.

Bien que pour étaler ſes vertus immortelles,
La force manque à vos eſprits,
Ne laiſſez pas tous deux de recevoir le prix.

PROLOGUE.

Dans les choses grandes & belles,
Il suffit d'avoir entrepris.

VIII. ENTRÉE DE BALLET.

Les deux Zéphyrs dansent avec deux couronnes de fleurs à la main, qu'ils viennent donner ensuite à Tircis & à Dorilas.

CLIMENE & DAPHNÉ *donnant la main à leurs Amans.*

Dans les choses grandes & belles,
Il suffit d'avoir entrepris.

TIRCIS & DORILAS.

Ah ! Que d'un doux succès notre audace est suivie !

FLORE & PAN.

Ce qu'on fait pour LOUIS, on ne le perd jamais.

CLIMENE, DAPHNÉ, TIRCIS, DORILAS.

Au soin de ses plaisirs donnons-nous désormais.

FLORE & PAN.

Heureux, heureux qui peut lui consacrer sa vie.

CHŒUR.

Joignons tous dans ce bois,
Nos flûtes & nos voix,
Ce jour nous y convie ;
Et faisons aux échos redire mille fois,
LOUIS est le plus grand des Rois,
Heureux, heureux qui peut lui consacrer sa vie.

IX. & derniere ENTRÉE DE BALLET.

Les Faunes, les Bergers & les Bergeres se mêlent ensemble ; il se fait entr'eux des jeux de danse, après quoi ils se vont préparer pour la Comédie.

AUTRE PROLOGUE.

UNE BERGERE *chantante*.

Votre plus haut sçavoir n'est que pure chimere :
  Vains, & peu sages Médecins.
Vous ne pouvez guérir, par vos grands mots Latins,
  La douleur qui me défespere.
Votre plus haut sçavoir n'est que pure chimere.

 Hélas, hélas ! Je n'ose découvrir
  Mon amoureux martyre
 Au Berger pour qui je soupire,
  Et qui seul peut me secourir.
  Ne prétendez pas le finir,
Ignorans Medecins, vous ne sçauriez le faire;
Votre plus haut sçavoir n'est que pure chimere.

Ces remedes peu sûrs, dont le simple vulgaire,
Croit que vous connoissez l'admirable vertu,
Pour les maux que je sens n'ont rien de salutaire;
Et tout votre caquet ne peut être reçu
  Que d'un malade imaginaire ;
Votre plus haut sçavoir n'est que pure chimere.

Fin des Prologues.

LE MALADE
IMAGINAIRE,
COMÉDIE-BALLET.

ACTE PREMIER.

Le Théatre représente la chambre d'Argan.

SCENE PREMIERE.

ARGAN *assis, ayant une table devant lui, comptant avec les jettons des parties de son Apothicaire.*

Rois & deux font cinq, & cinq font dix, & dix font vingt. Trois & deux font cinq. *Plus, du vingt-quatrieme, un petit clystere insinuatif, préparatif, & rémolliant, pour amollir, humecter, & rafraîchir les entrailles de Monsieur.* Ce qui me plaît de Monsieur Fleurant mon Apothicaire, c'est que ses parties sont toujours fort civiles. *Les entrailles de Mon-*

sieur, *trente sols*. Oui, mais, Monsieur Fleurant, ce n'est pas tout que d'être civil, il faut être aussi raisonnable, & ne pas écorcher les malades. Trente sols un lavement ! Je suis votre serviteur, je vous l'ai déjà dit ; vous ne me les avez mis dans les autres parties qu'à vingt sols, & vingt sols, en langage d'Apothicaire, c'est-à-dire, dix sols ; les voilà, dix sols. *Plus, dudit jour, un bon clystere détersif, composé avec catholicon double, rhubarbe, miel rosat, & autres, suivant l'ordonnance, pour balayer, laver, & nettoyer le bas ventre de Monsieur, trente sols* ; avec votre permission, dix sols. *Plus, dudit jour, le soir, un julep hépatique, soporatif & somnifere, composé pour faire dormir Monsieur, trente-cinq sols*, je ne me plains pas de celui-là, car il me fit bien dormir. Dix, quinze, seize & dix-sept sols six deniers. *Plus, du vingt-cinquieme, une bonne médecine, purgative & corroborative, composée de casse récente avec séné Lévantin, & autres, suivant l'ordonnance de Monsieur Purgon, pour expulser & évacuer la bile de Monsieur, quatre liv.* Ah ! Monsieur Fleurant ; c'est se moquer, il faut vivre avec les malades. Monsieur Purgon ne vous a pas ordonné de mettre quatre francs. Mettez, mettez trois livres, s'il vous plaît. Vingt & trente sols. *Plus, dudit jour, une potion anodine & astringente, pour faire reposer Monsieur, trente sols.* Bon, dix & quinze sols. *Plus, du vingt-sixieme, un clystere carminatif, pour chasser les vents de Monsieur, trente sols.* Dix sols, Monsieur Fleurant. *Plus, le clystere de Monsieur, réitéré sur le soir, comme dessus, trente sols.* Monsieur Fleurant, dix sols. *Plus, du vingt-septieme, une bonne médecine, composée pour hâter d'aller, & chasser les mauvaises humeurs de Monsieur, trois livres.* Bon, vingt & trente sols ; je suis bien aise que vous soyez raisonnable. *Plus, du vingt-huitieme, une prise de petit lait clarifié & dulcoré, pour adoucir, lénifier, tempérer, & rafraîchir le sang de Monsieur,*

COMÉDIE.

vingt sols. Bon, dix sols. *Plus, une potion cordiale & préservative, composée avec douze grains de bézoard, syrops de limon & grenade, & autre, suivant l'ordonnance, cinq livres.* Ah! Monsieur Fleurant, tout doux, s'il vous plaît, si vous en usez comme cela, on ne voudra plus être malade, contentez-vous de quatre francs, vingt & quarante sols. Trois & deux font cinq, & cinq font dix, & dix font vingt. Soixante & trois livres quatre sols six deniers. Si bien donc que, de ce mois, j'ai pris une, deux, trois, quatre, cinq, six, sept & huit Médecines; & un, deux, trois, quatre, cinq, six, sept, huit, neuf, dix, onze & douze lavemens; & l'autre mois, il y avoit douze Médecines, & vingt lavemens. Je ne m'étonne pas si je ne me porte pas si bien ce mois-ci que l'autre. Je le dirai à Monsieur Purgon, afin qu'il mettre ordre à cela. Allons, qu'on m'ôte tout ceci. (*Voyant que personne ne vient, & qu'il n'y a aucun de ses gens dans sa chambre.*) Il n'y a personne? J'ai beau dire, on me laisse toujours seul; il n'y a pas moyen de les arrêter ici, (*après avoir sonné une sonnette qui est sur la table.*) Ils n'entendent point, & ma sonnette ne fait pas assez de bruit. (*après avoir sonné pour la deuxieme fois.*) Point d'affaire, (*après avoir sonné encore.*) Ils sont sourds. Toinette, (*après avoir fait le plus de bruit qu'il peut avec sa sonnette.*) Tout comme si je ne sonnois point. Chienne, coquine. (*voyant qu'il sonne encore inutilement.*) J'enrage. Drelin, drelin, drelin. Carogne, à tous les diables. Est-il possible qu'on laisse comme cela un pauvre malade? Drelin, drelin, drelin. Voilà qui est pitoyable! Drelin, drelin, drelin. Ah, mon Dieu! Ils me laisseront ici mourir. Drelin, drelin, drelin.

SCENE II.

ARGAN, TOINETTE.

TOINETTE *en entrant.*

On y va.

ARGAN.

Ah! Chienne. Ah! Carogne...

TOINETTE *faisant semblant de s'être coigné la tête.*

Diantre soit de votre impatience! Vous pressez si fort les personnes, que je me suis donné un grand coup à la tête contre le carne d'un volet.

ARGAN *en colere.*

Ah! Traîtresse...

TOINETTE *interrompant Argan.*

Ah!

ARGAN.

Il y a...

TOINETTE.

Ah!

ARGAN.

Il y a une heure...

TOINETTE.

Ah!

ARGAN.

Tu m'as laissé...

TOINETTE.

Ah!

ARGAN.

Tais-toi donc, coquine, que je te querelle.

TOINETTE.

Camon, ma foi, j'en suis d'avis, après ce que je me suis fait.

ARGAN.

Tu m'as fait égosiller, carogne.

COMÉDIE.
TOINETTE.
Et vous m'avez fait, vous, caffer la tête ; l'un vaut bien l'autre. Quitte à quitte, si vous voulez.
ARGAN.
Quoi, coquine...
TOINETTE.
Si vous querellez, je pleurerai.
ARGAN.
Me laiffer, traîtreffe.
TOINETTE *imterrompant encore Argan.*
Ah !
ARGAN.
Chienne, tu veux...
TOINETTE.
Ah !
ARGAN.
Quoi ! Il faudra encore que je n'aie pas le plaifir de la quereller.
TOINETTE.
Querellez tout votre faoul, je le veux bien.
ARGAN.
Tu m'en empêches, chienne, en m'interrompant à tous coups.
TOINETTE.
Si vous avez le plaifir de quereller, il faut bien que de mon côté j'aie le plaifir de pleurer ; chacun le fien ce n'eft pas trop. Ah !
ARGAN.
Allons, il en faut paffer par-là. Ote-moi ceci, coquine, ôte-moi ceci. (*après s'être levé.*) Mon-lavement d'aujourd'hui a-t-il bien opéré ?
TOINETTE.
Votre lavement ?
ARGAN.
Oui. Ai-je bien fait de la bile ?
TOINETTE.
Ma foi, je ne me mêle point de ces affaires-là ; c'eft à Monfieur Fleurant à y mettre le nez puifqu'il en a le profit.

ARGAN.

Qu'on ait soin de me tenir un bouillon prêt, pour l'autre que je dois tantôt prendre.

TOINETTE.

Ce Monsieur Fleurant-là, & ce Monsieur Purgon s'égaient bien sur votre corps ; ils ont en vous une bonne vache à lait ; & je voudrois bien leur demander quel mal vous avez pour vous faire tant de remedes.

ARGAN.

Taisez-vous, ignorante ; ce n'est pas à vous à contrôler les ordonnances de la medecine. Qu'on me fasse venir ma fille Angélique, j'ai à lui dire quelque chose.

TOINETTE.

La voici qui vient d'elle-même ; elle a deviné votre pensée.

SCENE III.

ARGAN, ANGELIQUE, TOINETTE.

ARGAN.

Approchez, Angélique, vous venez à propos ; je voulois vous parler.

ANGELIQUE.

Me voilà prête à vous ouir.

ARGAN.

(à Toinette.)

Attendez. Donnez-moi mon bâton, je vais revenir tout-à-l'heure.

TOINETTE.

Allez vîte, Monsieur, allez ; Monsieur Fleurant nous donne des affaires.

COMEDIE.

SCENE IV.
ANGELIQUE, TOINETTE.
ANGELIQUE.

Toinette.

TOINETTE.
Quoi ?
ANGELIQUE.
Regarde-moi un peu.
TOINETTE.
Hé bien, je vous regarde.
ANGELIQUE.
Toinette.
TOINETTE.
Hé bien, quoi ? Toinette.
ANGELIQUE.
Ne devines-tu point de quoi je veux parler ?
TOINETTE.
Je m'en doute assez, de notre jeune amant ? Car c'est sur lui depuis six jours que roulent tous nos entretiens ; & vous n'êtes point bien si vous n'en parlez à toute heure.
ANGELIQUE.
Puisque tu connois cela, que n'es tu donc la premiere à m'en entretenir ? Et que ne m'épargnes-tu la peine de te jetter sur ce discours ?
TOINETTE.
Vous ne m'en donnez pas le tems ; & vous avez des soins là-dessus, qu'il est difficile de prévenir.
ANGELIQUE.
Je t'avoue que je ne sçaurois me lasser de te parler de lui ; & que mon cœur profite avec chaleur de tous les momens de s'ouvrir à toi. Mais, dis-moi, condamnes-tu, Toinette, les sentimens que j'ai pour lui.

C 5

TOINETTE.
Je n'ai garde.

ANGELIQUE.
Ai-je tort de m'abandonner à ces douces impressions ?

TOINETTE.
Je ne dis pas cela.

ANGELIQUE.
Et voudrois-tu que je fusse insensible aux tendres protestations de cette passion ardente qu'il témoigne pour moi ?

TOINETTE.
A Dieu ne plaise.

ANGELIQUE.
Dis-moi un peu, ne trouves-tu pas, comme moi, quelque chose du Ciel, quelque effet du destin, dans l'aventure inopinée de notre connoissance ?

TOINETTE.
Oui.

ANGELIQUE.
Ne trouves-tu pas que cette action d'embrasser ma défense, sans me connoître, est tout-à-fait d'un honnête-homme ?

TOINETTE.
Oui.

ANGELIQUE.
Que l'on ne peut pas en user plus généreusement ?

TOINETTE.
D'accord.

ANGELIQUE.
Et qu'il fit tout cela de la meilleure grace du monde ?

TOINETTE.
Oh ! Oui.

ANGELIQUE.
Ne trouves-tu pas, Toinette, qu'il est bien fait de sa personne ?

TOINETTE.
Assurément.

COMÉDIE.
ANGELIQUE.
Qu'il a le meilleur air du monde.
TOINETTE.
Sans doute.
ANGELIQUE.
Que ses discours, comme ses actions, ont quelque chose de noble?
TOINETTE.
Cela est sûr.
ANGELIQUE.
Qu'on ne peut rien entendre de plus passionné que tout ce qu'il me dit?
TOINETTE.
Il est vrai.
ANGELIQUE.
Et qu'il n'est rien de plus fâcheux, que la contrainte où l'on me tient, qui bouche tout commerce aux doux empressemens de cette mutuelle ardeur que le Ciel nous inspire?
TOINETTE.
Vous avez raison.
ANGELIQUE.
Mais, ma pauvre Toinette, crois-tu qu'il m'aime autant qu'il me le dit?
TOINETTE.
Hé, hé, ces choses-là par fois sont un peu sujettes à caution. Les grimaces d'amour ressemblent fort à la vérité; & j'ai vu de grands Comédiens là-dessus.
ANGELIQUE.
Ah! Toinette, que dis-tu là? Hélas! De la façon qu'il parle, seroit-il bien possible qu'il ne me dit pas vrai?
TOINETTE.
En tout cas, vous en serez bientôt éclaircie; & la résolution où il vous écrivit hier qu'il étoit de vous faire demander en mariage, est une prompte voie à vous faire connoître s'il vous dit vrai, ou non. C'en sera là la bonne preuve.

C 6

LE MALADE IMAGINAIRE,

ANGELIQUE.
Ah! Toinette, si celui là me trompe, je ne croirai de ma vie aucun homme.

TOINETTE.
Voilà votre pere qui revient.

SCENE V.
ARGAN, ANGELIQUE, TOINETTE.

ARGAN.
OR çà, ma fille, je vais vous dire une nouvelle, où peut-être ne vous attendez-vous pas. On vous demande en mariage. Qu'est-ce que cela? Vous riez! Cela est plaisant, oui, ce mot de mariage. Il n'est rien de plus drôle pour les jeunes filles. Ah! Nature, nature! A ce que je vois, ma fille, je n'ai que faire de vous demander si vous voulez bien vous marier.

ANGELIQUE.
Je dois faire, mon pere, tout ce qu'il vous plaira de m'ordonner.

ARGAN.
Je suis bien aise d'avoir une fille si obéissante, la chose est donc conclue, & je vous ai promise.

ANGELIQUE.
C'est à moi, mon pere, de suivre aveuglément toutes vos volontés.

ARGAN.
Ma femme, votre belle-mere, avoit envie que je vous fisse Religieuse, & votre petite sœur Louison aussi; &, de tout tems, elle a été aheurtée à cela.

TOINETTE à part.
La bonne bête à ses raisons.

ARGAN.
Elle ne vouloit point consentir à ce mariage; mais je l'ai emporté, & ma parole est donnée.

COMEDIE.

ANGELIQUE.

Ah, mon pere, que je vous suis obligée de toutes vos bontés.

TOINETTE à *Argan*.

En vérité, je vous sçais bon-gré de cela ; & voilà l'action la plus sage que vous ayez faite de votre vie.

ARGAN.

Je n'ai point encore vu la personne ; mais on m'a dit que j'en serois content, & toi aussi.

ANGELIQUE.

Assurément, mon pere.

ARGAN.

Comment ! L'as-tu vu ?

ANGELIQUE.

Puisque votre consentement m'autorise à vous pouvoir ouvrir mon cœur, je ne feindrai point de vous dire que le hasard nous a fait connoître il y a six jours ; & que la demande qu'on vous a faite, est un effet de l'inclination que, dès cette premiere vue, nous avons prise l'un pour l'autre.

ARGAN.

Ils ne m'ont pas dit cela ; mais j'en suis bien-aise ; & c'est tant mieux que les choses soient de la sorte. Ils disent que c'est un grand jeune garçon bien fait.

ANGELIQUE.

Oui, mon pere.

ARGAN.

De belle taille.

ANGELIQUE.

Sans doute.

ARGAN.

Agréable de sa personne.

ANGELIQUE.

Assurément.

ARGAN.

De bonne physionomie.

ANGELIQUE.

Très-bonne.

ARGAN.
Sage & bien né.
ANGELIQUE.
Tout à fait.
ARGAN.
Fort honnête.
ANGELIQUE.
Le plus honnête du monde.
ARGAN.
Qui parle bien Latin & Grec.
ANGELIQUE.
C'est ce que je ne sçais pas.
ARGAN.
Et qui sera reçu Médcin dans trois jours.
ANGELIQUE.
Lui, mon pere?
ARGAN.
Oui. Est-ce qu'il ne te l'a pas dit?
ANGELIQUE.
Non, vraiment. Qui vous l'a dit à vous?
ARGAN.
Monsieur Purgon.
ANGELIQUE.
Est-ce que Monsieur Purgon le connoît?
ARGAN.
La belle demande! Il faut bien qu'il le connoisse, puisque c'est son neveu.
ANGELIQUE.
Cléante, neveu de Monsieur Purgon!
ARGAN.
Quel Cléante? Nous parlons de celui pour qui l'on t'a demandée en mariage.
ANGELIQUE.
Hé, oui.
ARGAN.
Hé bien, c'est le neveu de Monsieur Purgon, qui est le fils de son beau-frere le Médecin, Monsieur Diafoirus; & ce fils s'appelle Thomas Diafoirus, & non

COMEDIE. 63

pas Cléante ; & nous avons conclu ce mariage-là ce matin, Monsieur Purgon, Monsieur Fleurant & moi ; & demain ce gendre prétendu me doit être amené par son pere. Qu'est-ce ? Vous voilà toute ébaubie ?

ANGELIQUE.
C'est, mon pere, que je connois que vous avez parlé d'une personne, & que j'ai entendu une autre.

TOINETTE.
Quoi, Monsieur, vous auriez fait ce dessein burlesque ; &, avec tout le bien que vous avez, vous voudriez marier votre fille avec un Médecin ?

ARGAN.
Oui. Dequoi te mêles-tu ; coquine impudente que tu es ?

TOINETTE.
Mon Dieu ! Tout doux. Vous allez d'abord aux invectives. Est-ce que nous ne pouvons pas raisonner ensemble, sans nous emporter ? Là, parlons de sang froid. Quelle est votre raison, s'il vous plaît, pour un tel mariage ?

ARGAN.
Ma raison est que, me voyant infirme & malade comme je suis, je veux me faire un gendre, & des alliés Médecins ; afin de m'appuyer de bons secours contre ma maladie, d'avoir dans ma famille les sources des remedes qui me sont nécessaires ; & d'être à même des consultations & des ordonnances.

TOINETTE.
Hé bien, voilà dire une raison ; & il y a plaisir à se répondre doucement les uns aux autres. Mais, Monsieur, mettez la main à la conscience. Est-ce que vous êtes malade ?

ARGAN.
Comment, coquine, si je suis malade ? Si je suis malade, impudente ?

TOINETTE.
Hé bien, oui, Monsieur, vous êtes malade, n'ayons

point de querelle là-dessus. Oui, vous êtes fort malade, j'en demeure d'accord, & plus malade que vous ne pensez ; voilà qui est fait. Mais votre fille doit épouser un mari pour elle ; & n'étant point malade, il n'est pas nécessaire de lui donner un Médecin.

ARGAN.

C'est pour moi que je lui donne ce Médecin ; & une fille de bon naturel doit être ravie d'épouser ce qui est utile à la santé de son pere.

TOINETTE.

Ma foi, Monsieur, voulez-vous qu'en amie je vous donne un conseil ?

ARGAN.

Quel est-il ce conseil ?

TOINETTE.

De ne point songer à ce mariage-là.

ARGAN.

Et la raison ?

TOINETTE.

C'est que votre fille n'y consentira.

ARGAN.

Elle n'y consentira point ?

TOINETTE.

Non.

ARGAN.

Ma fille ?

TOINETTE.

Votre fille. Elle vous dira qu'elle n'a que faire de Monsieur Diafoirus, ni de son fils Thomas Diafoirus, ni de tous les Diafoirus du monde.

ARGAN.

J'en ai affaire, moi. Outre que le parti est plus avantageux qu'on ne pense, Monsieur Diafoirus n'a que ce fils-là pour tout héritier ; &, de plus, Monsieur Purgon qui n'a ni femme, ni enfans, lui donne tout son bien en faveur de ce mariage ; & Monsieur Purgon est un homme qui a huit mille bonnes livres de rente.

COMEDIE.

TOINETTE.
Il faut qu'il ait tué bien des gens, pour s'être fait si riche.

ARGAN.
Huit mille livres de rente sont quelque chose, sans compter le bien du pere.

TOINETTE.
Monsieur, tout cela est bel & bon; mais j'en reviens toujours-là. Je vous conseille, entre nous, de lui choisir un autre mari, & elle n'est point faite pour être Madame Diafoirus.

ARGAN.
Et je veux, moi, que cela soit.

TOINETTE.
Hé, fi ! ne dites pas cela.

ARGAN.
Comment ! que je ne dise pas cela ?

TOINETTE.
Hé ! non.

ARGAN.
Et pourquoi ne le dirai-je pas ?

TOINETTE.
On dira que vous ne songez pas à ce que vous dites.

ARGAN.
On dira ce qu'on voudra; mais je vous dis que je veux qu'elle exécute la parole que j'ai donnée.

TOINETTE.
Non, je suis sûre qu'elle ne le fera pas.

ARGAN.
Je l'y forcerai bien.

TOINETTE.
Elle ne le fera pas, vous dis-je.

ARGAN.
Elle le fera, ou je la mettrai dans un couvent.

TOINETTE.
Vous ?

ARGAN.
Moi ?

TOINETTE.
Bon !
ARGAN.
Comment bon !
TOINETTE.
Vous ne la mettrez point dans un couvent.
ARGAN.
Je ne la mettrai point dans un couvent ?
TOINETTE.
Non.
ARGAN.
Non ?
TOINETTE.
Non.
ARGAN.
Ouais ! voici qui est plaisant. Je ne mettrai pas ma fille dans un couvent, si je veux ?
TOINETTE.
Non, vous dis-je.
ARGAN.
Qui m'en empêchera ?
TOINETTE.
Vous-même.
ARGAN.
Moi ?
TOINETTE.
Oui. Vous n'aurez pas ce cœur là.
ARGAN.
Je l'aurai.
TOINETTE.
Vous vous moquez.
ARGAN.
Je ne me moque point.
TOINETTE.
La tendresse paternelle vous prendra.
ARGAN.
Elle ne me prendra point.

COMEDIE. 67
TOINETTE.
Une petite larme ou deux, des bras jettés au cou, un mon petit papa mignon, prononcé tendrement, fera affez pour vous toucher.
ARGAN.
Tout cela ne fera rien.
TOINETTE.
Oui, oui.
ARGAN.
Je vous dis que je n'en démorderai point.
TOINETTE.
Bagatelles.
ARGAN.
Il ne faut point dire, bagatelles.
TOINETTE.
Mon Dieu ! je vous connois, vous êtes bon naturellement.
ARGAN *avec emportement.*
Je ne suis point bon ; & je suis méchant quand je veux.
TOINETTE.
Doucement, Monsieur. Vous ne songez pas que vous êtes malade.
ARGAN.
Je lui commande abfolument de fe préparer à prendre le mari que je dis.
TOINETTE.
Et moi, je lui défends abfolument d'en faire rien.
ARGAN.
Où eft-ce donc que nous fommes ? & quelle audace eft-ce-là, à une coquine de fervante, de parler de la forte devant fon Maître ?
TOINETTE.
Quand un Maître ne fonge pas à ce qu'il fait, une fervante bien fenfée eft en droit de le redreffer.
ARGAN *courant après Toinette.*
Ah ! infolente, il faut que je t'affomme.

TOINETTE *évitant Argan, & mettant la chaise entr'elle & lui.*
Il est de mon devoir de m'opposer aux choses qui vous peuvent deshonorer.
ARGAN *courant après Toinette, au tour de la chaise, avec son bâton.*
Vien, vien que je t'apprenne à parler.
TOINETTE *se sauvant du côté où n'est pas Argan.*
Je m'intéresse comme je dois, à ne vous point laisser faire de folie.
ARGAN *de même.*
Chienne.
TOINETTE *de même.*
Non, je ne consentirai jamais à ce mariage.
ARGAN *de même.*
Pendarde.
TOINETTE *de même.*
Je ne veux point qu'elle épouse votre Thomas Diafoirus.
ARGAN *de même.*
Carogne.
TOINETTE *de même.*
Et elle m'obéira plutôt qu'à vous.
ARGAN *s'arrêtant.*
Angélique, tu ne veux pas m'arrêter cette coquine-là.
ANGÉLIQUE.
Hé, mon pere, ne vous faites point malade.
ARGAN *à Angélique.*
Si tu ne l'arrêtes, je te donnerai ma malédiction.
TOINETTE *en s'en allant.*
Et moi, je la desheriterai, si elle vous obéit.
ARGAN *se jettant dans sa chaise.*
Ah ! ah ! Je n'en puis plus. Voilà pour me faire mourir.

SCENE VI.

BELINE, ARGAN.

ARGAN.

AH ! Ma femme, approchez.

BELINE.

Qu'avez-vous, mon pauvre mari ?

ARGAN.

Venez-vous-en ici à mon secours.

BELINE.

Qu'est-ce que c'est donc qu'il y a, mon petit fils ?

ARGAN.

Mamie.

BELINE.

Mon ami.

ARGAN.

On vient de me mettre en colere.

BELINE.

Hélas ! Pauvre petit mari ! Comment donc, mon ami ?

ARGAN.

Votre coquine de Toinette est devenue plus insolente que jamais.

BELINE.

Ne vous passionnez donc point.

ARGAN.

Elle m'a fait enrager, mamie.

BELINE.

Doucement, mon fils.

ARGAN.

Elle a contrequarré, une heure durant, les choses que je veux faire.

BELINE.

Là, là, tout doux.

ARGAN.

Et a eu l'effronterie de me dire que je ne suis point malade.

BELINE.

C'est une impertinente.

ARGAN.

Vous sçavez, mon cœur, ce qui en est.

BELINE.

Oui, mon cœur, elle a tort.

ARGAN.

Mamour, cette coquine-là me fera mourir.

BELINE.

Hé là, hé là.

ARGAN.

Elle est cause de toute la bile que je fais.

BELINE.

Ne vous fâchez point tant.

ARGAN.

Et il y a je ne sçais combien que je vous dis de me la chasser.

BELINE.

Mon Dieu! Mon fils, il n'y a point de serviteurs & de servantes qui n'aient leurs défauts. On est contraint par fois de souffrir leurs mauvaises qualités, à cause des bonnes. Celle-ci est adroite, soigneuse, diligente, & sur-tout fidele; & vous sçavez qu'il faut maintenant de grandes précautions pour les gens que l'on prend. Holà, Toinette.

SCENE VII.

ARGAN, BELINE, TOINETTE.

TOINETTE.

Madame,

COMEDIE.

BELINE.

Pourquoi donc est-ce que vous mettez mon mari en colere ?

TOINETTE *d'un ton doucereux.*

Moi, Madame ? Hélas ! je ne sçais ce que vous me voulez dire ; & je ne songe qu'à complaire à Monsieur en toutes choses.

ARGAN.

Ah ! la traîtresse !

TOINETTE.

Il nous a dit qu'il vouloit donner sa fille en mariage au fils de Monsieur Diafoirus, je lui ai répondu que je trouvois le parti avantageux pour elle ; mais que je croyois qu'il feroit mieux de la mettre dans un couvent.

BELINE.

Il n'y a pas si grand mal à cela ; & je trouve qu'elle a raison.

ARGAN.

Ah, Mamour, vous la croyez. C'est une scélérate; elle m'a dit cent insolences.

BELINE.

Hé bien, je vous crois, mon ami. Là, remettez-vous. Ecoutez, Toinette, si vous fâchez jamais mon mari, je vous mettrai dehors. Çà, donnez-moi son manteau fourré, & des oreillers, que je l'accomode dans sa chaise. Vous voilà je ne sçais comment. Enfoncez bien votre bonnet jusques sur vos oreilles ; il n'y a rien qui enrhume tant que de prendre l'air par les oreilles.

ARGAN.

Ah ! Mamie, que je vous suis obligé de tous les soins que vous prenez de moi.

BELINE *accommodant les oreillers qu'elle met autour d'Argan.*

Levez-vous que je mette ceci sous vous. Mettons celui-ci pour vous appuyer, & celui-là de l'autre côté. Mettons celui-ci derriere votre dos, & cet autre-là pour foutenir votre tête.

TOINETTE *lui mettant rudement un oreiller fur la tête.*

Et celui ci pour vous garder du ferein.

ARGAN *fe levant en colere, & jettant tous les oreillers à Toinette qui s'enfuit.*

Ah ! Coquine, tu veux m'étouffer.

SCENE VIII.
ARGAN, BELINE.

BELINE.

HÉ là, hé là. Qu'eft-ce que c'eft donc.

ARGAN *fe jettant dans fa chaife.*

Ah, ah, ah ! Je n'en puis plus.

BELINE.

Pourquoi vous emporter ainfi ? Elle a cru faire bien.

ARGAN.

Vous ne connoiffez pas, Mamour, la malice de la pendarde. Ah ! Elle m'a mis tout hors de moi ; & il faudra plus de huit Médecines, & de douze lavemens pour réparer tout ceci.

BELINE.

Là, là, mon petit ami, appaifez-vous un peu.

ARGAN.

Mamie, vous êtes toute ma confolation.

BELINE.

Pauvre petit fils.

ARGAN.

Pour tâcher de reconnoître l'amour que vous me portez, je veux, mon cœur, comme je vous ai dit, faire mon teftament.

BELINE.

Ah ! Mon ami, ne parlons point de cela, je vous
prie,

COMEDIE.

prie, je ne sçaurois souffrir cette pensée & le seul mot de testament me fait tressaillir de douleur.

ARGAN.

Je vous avois dit de parler pour cela à votre Notaire.

BELINE.

Le voilà là-dedans que j'ai amené avec moi.

ARGAN.

Faites-le donc entrer, mamour.

BELINE.

Hélas! mon ami, quand on aime bien un mari, on n'est guere en état de songer à tout cela.

SCENE IX.

M. DE BONNEFOI, BELINE, ARGAN.

ARGAN.

Approchez, Monsieur de Bonnefoi, approchez. Prenez un siege, s'il vous plaît. Ma femme m'a dit que vous étiez fort honnête-homme, & tout-à-fait de ses amis; & je l'ai chargée de vous parler pour un testament que je veux faire.

BELINE.

Hélas! Je ne suis point capable de parler de ces choses-là.

M. DE BONNEFOI.

Elle m'a, Monsieur, expliqué vos intentions, & le dessein où vous êtes pour elle; & j'ai à vous dire là-dessus, que vous ne sçauriez rien donner à votre femme par votre testament.

ARGAN.

Mais pourquoi?

M. DE BONNEFOI.

La Coutume y résiste. Si vous étiez en pays de Droit-écrit, cela se pourroit faire; mais à Paris, & dans

Tome VIII. D

les pays coutumiers, au moins dans la plupart, c'est qui ne se peut ; & la disposition seroit nulle. Tout l'avantage qu'homme & femme conjoints par mariage se peuvent faire l'un à l'autre, c'est un don mutuel entre-vifs ; encore faut-il qu'il n'y ait enfans, soit des deux conjoints, ou de l'un d'eux, lors du décès du premier mourant.

ARGAN.

Voilà une coutume bien impertinente, qu'un mari ne puisse rien laisser à une femme, dont il est aimé tendrement, & qui prend de lui tant de soin. J'aurois envie de consulter mon Avocat, pour voir comment je pourrois faire.

M. DE BONNEFOI.

Ce n'est point à des Avocats qu'il faut parler ; car ils sont d'ordinaire séveres là-dessus, & s'imaginent que c'est un grand crime que de disposer en fraude de la loi. Ce sont gens de difficultés, & qui sont ignorans des détours de la conscience. Il y a d'autres personnes à consulter qui sont bien plus accommodantes, qui ont des expédiens pour passer doucement par-dessus la loi, & rendre juste ce qui n'est pas permis ; qui sçavent applanir les difficultés d'une affaire, & trouver le moyen d'éluder la coutume par quelqu'avantage indirect. Sans cela, où en serions-nous tous les jours ? Il faut de la facilité dans les choses, autrement nous ne ferions rien ; & je ne donnerois pas un sol de notre métier.

ARGAN.

Ma femme m'avoit bien dit, Monsieur, que vous étiez fort habile, & fort honnête-homme. Comment puis-je faire ? s'il vous plaît, pour lui donner mon bien, & en frustrer mes enfans ?

M. DE BONNEFOI.

Comment vous pouvez faire ? Vous pouvez choisir doucement un ami intime de votre femme, auquel vous donnerez, en bonne forme, par votre testament tout ce que vous pouvez ; & cet ami ensuite lui rendra tout. Vous pouvez encore contracter un grand nombre d'obligations, non suspectes, au profit de divers Créanciers qui prêteront leur nom à votre femme, & entre les mains de laquelle ils mettront leur déclaration, que ce qu'ils en ont fait n'a été que pour lui faire plaisir. Vous pouvez aussi, pendant que vous êtes en vie, mettre entre ses mains de l'argent comptant, ou des billets que vous pouvez avoir payables au porteur.

BELINE.
Mon Dieu ! Il ne faut point vous tourmenter de tout cela. S'il vient faute de vous, mon fils, je ne veux plus rester au monde.

ARGAN.
Mamie.

BELINE.
Oui, mon ami, si je suis assez malheureuse, pour vous perdre...

ARGAN.
Ma chere femme.

BELINE.
La vie ne me sera plus de rien.

ARGAN.
Mamour.

BELINE.
Et je suivrai vos pas, pour vous faire connoître la tendresse que j'ai pour vous.

ARGAN.
Mamie, vous me fendez le cœur. Consolez-vous je vous en prie.

M. DE BONNEFFOI à *Béline*.
Ces larmes sont hors de saison, & les choses n'en sont point encore-là.

BELINE.
Ah ! Monsieur, vous ne sçavez pas ce que c'est qu'un mari qu'on aime tendrement.

ARGAN.
Tout le regret que j'aurai, si je meurs, mamie,

c'est de n'avoir point un enfant de vous. Monsieur Purgon m'avoit dit qu'il m'en feroit faire un.

M. DE BONNEFOI.

Cela pourra venir encore.

ARGAN.

Il faut faire mon testament, mamour, de la façon que Monsieur dit ; mais, par précaution, je veux vous mettre entre les mains vingt mille francs en or, que j'ai dans le lambris de mon alcove, & deux billets payables au porteur, qui me sont dûs, l'un par Monsieur Damon, & l'autre par Monsieur Gérante.

BELINE.

Non, non, je ne veux point du tout cela. Ah !... Combien dites-vous qu'il y a dans votre alcove?

ARGAN.

Vingt mille francs, mamour.

BELINE.

Ne me parlez point de bien, je vous prie. Ah !... De combien sont les deux billets ?

ARGAN.

Ils sont, mamie, l'un de quatre mille livres, & l'autre de six.

BELINE.

Tous les biens du monde, mon ami, ne me sont rien au prix de vous.

M. DE BONNEFOI *à Argan.*

Voulez-vous que nous procédions au testament ?

ARGAN.

Oui, Monsieur ; mais nous serions mieux dans mon petit cabinet. Mamour, conduisez-moi, je vous prie.

BELINE.

Allons, mon pauvre petit-fils.

COMEDIE.

SCENE X.
ANGÉLIQUE, TOINETTE.
TOINETTE.

LEs voilà avec un Notaire, & j'ai ouï parler de teftament. Votre belle-mere ne s'endort point ; & c'eft, fans doute, quelque confpiration contre vos intérêts, où elle pouffe votre pere.

ANGELIQUE.
Qu'il difpofe de fon bien à fa fantaifie, pourvu qu'il ne difpofe point de mon cœur. Tu vois, Toinette, les deffeins violens que l'on fait fur lui. Ne m'abandonne point, je te prie, dans l'extrêmité où je fuis.

TOINETTE.
Moi, vous abandonner ? J'aimerois mieux mourir. Votre belle-mere a beau me faire fa confidente, & me vouloir jetter dans fes intérêts, je n'ai jamais pû avoir d'inclination pour elle ; & j'ai toujours été de votre parti. Laiffez-moi faire, j'emploierai toute chofe pour vous fervir ; mais, pour vous fervir avec plus d'effet, je veux changer de batterie, couvrir le zele que j'ai pour vous ; & feindre d'entrer dans les fentimens de votre pere, & de votre belle-mere.

ANGELIQUE.
Tâche, je t'en conjure, de faire donner avis à Cléante du mariage qu'on a conclu.

TOINETTE.
Je n'ai perfonne à employer à cet office, que le vieux ufurier Polichinelle mon amant ; & il m'en coutera pour cela quelques paroles de douceur que je veux bien dépenfer pour vous. Pour aujourd'hui il eft trop tard ; mais demain, de grand matin, je l'envoyerai querir, & il fera ravi de...

SCENE XI.

BELINE *dans la maison*, **ANGELIQUE, TOINETTE.**

BELINE.

Toinette.

TOINETTE à *Angélique*.

Voilà qu'on m'appelle. Bon soir. Reposez-vous sur moi.

Fin du premier Acte.

PREMIER INTERMEDE.

Le Théatre represente une Place publique.

SCENE PREMIERE.

POLICHINELLE.

O Amour, Amour, Amour, Amour ! Pauvre Polichinelle, quelle diable de fantaisie t'es-tu allé mettre dans la cervelle ? A quoi t'amuses-tu, misérable insensé que tu es ? Tu quittes le soin de ton négoce, & tu laisses aller tes affaires à l'abandon ; tu ne manges plus, tu ne bois presque plus, tu perds le repos de la nuit ; & tout cela, pour qui ? Pour une dragonne, franche dragonne, une diablesse qui te rembarre, & se moque de tout ce que tu peux lui dire. Mais il n'y a point à raisonner là-dessus.

Tu le veux, Amour ; il faut être fou comme beaucoup d'autres. Cela n'est pas le mieux du monde à un homme de mon âge ; mais qu'y faire ? On n'est pas sage quand on veut ; & les vieilles cervelles se démontent comme les jeunes.

Je viens voir si je ne pourrai point adoucir ma tigresse par une sérénade. Il n'y a rien, par fois, qui soit si touchant qu'un amant qui vient chanter ses doléances aux gonds & aux verroux de la porte de sa maîtresse.

(après avoir pris son lut.)

Voici de quoi accompagner ma voix. O nuit, ô chere nuit, porte mes plaintes amoureuses jusques dans le lit de mon inflexible.

Nott' e di v'am' e v'adoro
Cerc' un sì per mio ristoro,
Ma se voi dite di nò,
Bell' ingrata, io morirò.

Frà la speranza
S'afflige il cruore,
In lontananza
Consum' a l'hore ;
Si dolce inganno
Che mi figuara
Breve l'affano,
Ahi troppo dura !
Così per tropp' amar languisco e muoro.

Nott' e di v'am' e v'adoro.
Cerc' un sì per mio ristoro,
Ma se voi dite di nò,
Bell' ingrata, io morirò.
Se non dormite,
Almen pensate
Alle ferite

Ch' al cuor mi fate,
D'almen fingete
Per mio conforto,
Se m'uccidete,
D'haver il torto,
Vostra pietà mi scemerà il martiro.

Nott' & di v'am' e v'adoro,
Cerc' un sì per mio ristoro,
Ma se voi dite di nò,
Bell' ingrata, io morirò.

SCENE II.

POLICHINELLE, UNE VIEILLE
à la fenêtre.

LA VIEILLE *chante.*

Zerbinnetti, ch' ogn' hor con finti sguardi,
Mentiti desiri,
Fallaci sospiri,
Accenti buggiardi,
Di fede vi preggiate,
Ah! Che non m'ingannate.
Che gia sò per prova,
Ch' in voi non si trova
Constanza ne fede;
Oh! Quanto è pazza colei che vi crede.

Quei sguardi languidi
Non m'innamorano,
Quei sospir' fervidi
Più non m'infiammano,
Vel' giuro à fe.
Zerbino misero,
Del vostro piangere,

COMEDIE.

Il mio cuor libero
Vuol sempre ridere ;
Credet' à me.
Che gia sò per prova ,
Ch' in voi non si trova
Constanza ne fede ;
Oh ! Quanto è pazza colei che vi crede.

SCENE III.

POLICHINELLE, VIOLONS *derriere le Théatre.*

LES VIOLONS *commencent un air.*

POLICHINELLE.

Quelle impertinente harmonie vient interrompre ici ma voix !

LES VIOLONS *continuent à jouer.*
POLICHINELLE.

Paix-là, taisez-vous, violons. Laissez-moi me plaindre à mon aise des cruautés de mon inexorable.

LES VIOLONS *de même.*
POLICHINELLE.

Taisez-vous, vous dis-je, c'est moi qui veux chanter.

LES VIOLONS.
POLICHINELLE.

Paix donc.

LES VIOLONS.
POLICHINELLE.

Ouais !

LES VIOLONS.
POLICHINELLE.

Ah !

LES VIOLONS.
POLICHINELLE.

Est-ce pour rire ?

82 LE MALADE IMAGINAIRE,
LES VIOLONS.
POLICHINELLE.
Ah, que de bruit !
LES VIOLONS.
POLICHINELLE.
Le diable vous emporte.
LES VIOLONS.
POLICHINELLE.
J'enrage.
LES VIOLONS.
POLICHINELLE.
Vous ne vous tairez pas ? Ah ! Dieu soit loué.
LES VIOLONS.
POLICHINELLE.
Encore ?
LES VIOLONS.
POLICHINELLE.
Peste des violons !
LES VIOLONS.
POLICHINELLE.
La sotte musique que voilà.
LES VIOLONS.
POLICHINELLE *chantant pour se moquer des violons.*
La, la, la, la, là, là.
LES VIOLONS.
POLICHINELLE *de même.*
La, la, là, la, la, la.
LES VIOLONS.
POLICHINELLE *de même.*
La, la, la, la, la, la.
LES VIOLONS.
POLICHINELLE *de même.*
La, la, la, la, là, la.
LES VIOLONS.
POLICHINELLE *de même.*
La, là, la, la la, la.

COMÉDIE.
LES VIOLONS.
POLICHINELLE.
Par ma foi, cela me divertit. Poursuivez, Messieurs
(n'entendant plus rien.)
les violons, vous me ferez plaisir. Allons donc, continuez. Je vous en prie.

SCENE IV.

POLICHINELLE *seul*.

Voilà le moyen de les faire taire. La musique est accoutumée à ne point faire ce qu'on veut. Or sus, à nous. Avant que de chanter, il faut que je prélude un peu, & joue quelque piece, afin de mieux prendre mon ton.
(Il prend son luth, dont il fait semblant de jouer, en imitant avec les levres & la langue le son de cet instrument.)
Plan, plan, plan. Plin, plin, plin. Voilà un tems fâcheux pour mettre un luth d'accord. Plin, plin, plin. Plin, tan, plan. Plin, plin. Les cordes ne tiennent point par ce tems-là. Plin, plin. J'entends du bruit. Mettons mon luth contre la porte.

SCENE V.

POLICHINELLE, ARCHERS
chantans & dansans.

UN ARCHER *chantant.*

Qui va-là ? Qui va-là ?
POLICHINELLE *bas.*
Que diable est-ce-là ? Est-ce la mode de parler en musique ?
L'ARCHER.
Qui va-là ? Qui va-là ? Qui va-là ?
POLICHINELLE *épouvanté.*
Moi, moi, moi.
L'ARCHER.
Qui va-là ? Qui va-là, vous dis-je.
POLICHINELLE.
Moi, moi, vous dis-je.
L'ARCHER.
Et qui toi, & qui toi ?
POLICHINELLE.
Moi, moi, moi, moi, moi, moi.
L'ARCHER.
Di ton nom, di ton nom, sans davantage attendre.
POLICHINELLE *feignant d'être bien hardi.*
Mon nom est, va te faire pendre.
L'ARCHER.
Ici, camarades, ici.
Saisissons l'insolent qui nous répond ainsi.

COMEDIE.

I. ENTRÉE DE BALLET.

Des Archers danſans, cherchent Polichinelle dans l'obſcurité, pour le ſaiſir.

POLICHINELLE.

Qui va-là ?

(entendant encore du bruit autour de lui.)

Qui ſont les coquins que j'entends ?
Hé ?.... Holà, mes laquais, mes gens....
Par la mort !... Par le ſang ! J'en jetterai par terre....
Champagne, Poitevin, Picard, Baſque, Breton....
Donnez-moi mon mouſqueton...

(Pendant les intervalles qui ſont marqués avec les points, les Archers danſent au ſon de la ſymphonie, en cherchant Polichinelle.)

POLICHINELLE *faiſant ſemblant de tirer un coup de piſtolet.*

Poue.

(Les Archers tombent tous, & s'enfuient.)

SCENE VI.

POLICHINELLE ſeul.

Ah, ah, ah, ah ! Comme je leur ai donné l'épouvante ! Voilà de ſottes gens, d'avoir peur de moi, qui ai peur des autres. Ma foi, il n'eſt que de jouer d'adreſſe en ce monde. Si je n'avois tranché du grand Seigneur, & n'avois fait le brave, ils n'auroient pas manqué de me haper. Ah, ah, ah !
(Pendant que Polichinelle croit être ſeul, des Archers reviennent ſans faire de bruit pour entendre ce qu'il dit.)

SCENE VII.

POLICHINELLE, DEUX ARCHERS chantans.

LES DEUX ARCHERS saisissant Polichinelle.

Nous le tenons. A nous, camarades, à nous,
Dépêchez, de la lumière.

SCENE VIII.

POLICHINELLE, LES DEUX ARCHERS chantant, ARCHERS chantant & dansant venant avec des lanternes.

QUATRE ARCHERS chantant, ensemble.

AH, traître! Ah, fripon. C'est donc vous,
Faquin, maraud, pendard, impudent, téméraire,
Insolent, effronté, coquin, filou, voleur,
Vous osez nous faire peur?
POLICHINELLE.
Messieurs, c'est que j'étois ivre.
LES QUATRE ARCHERS.
Non, non, point de raison;
Il faut vous apprendre à vivre.
En prison, vîte en prison.
POLICHINELLE.
Messieurs, je ne suis point voleur.
LES QUATRE ARCHERS.
En prison.
POLICHINELLE.
Je suis un bourgeois de la ville.

COMEDIE. 87

LES QUATRE ARCHERS.
En prison.
POLICHINELLE.
Qu'ai-je fait ?
LES QUATRE ARCHERS.
En prison, vîte en prison.
POLICHINELLE.
Messieurs, laissez-moi aller.
LES QUATRE ARCHERS.
Non.
POLICHINELLE.
Je vous prie.
LES QUATRE ARCHERS.
Non.
POLICHINELLE.
Hé !
LES QUATRE ARCHERS.
Non.
POLICHINELLE.
De grace.
LES QUATRE ARCHERS.
Non, non.
POLICHINELLE.
Messieurs.
LES QUATRE ARCHERS.
Non, non, non.
POLICHINELLE.
S'il vous plaît.
LES QUATRE ARCHERS.
Non, non.
POLICHINELLE.
Par charité.
LES QUATRE ARCHERS.
Non, non.
POLICHINELLE.
Au nom du Ciel.
LES QUATRE ARCHERS.
Non, non.

POLICHINELLE.
Miséricorde.
LES QUATRE ARCHERS.
Non, non, point de raison ;
Il faut vous apprendre à vivre.
En prison, vîte en prison.
POLICHINELLE.
Hé ! N'est-il rien, Messieurs, qui soit capable d'attendrir vos ames ?
LES QUATRE ARCHERS.
Il est aisé de nous toucher,
Et nous sommes humains plus qu'on ne sçauroit croire.
Donnez-nous seulement six pistoles pour boire ;
Nous allons vous relâcher.
POLICHINELLE.
Hélas, Messieurs, je vous assure que je n'ai pas un sou sur moi.
LES QUATRE ARCHERS.
Au défaut de six pistoles,
Choisissez donc, sans façon,
D'avoir trente croquignoles,
Ou douze coups de bâton.
POLICHINELLE.
Si c'est une nécessité, & qu'il faille en passer par-là, je choisis les croquignoles.
LES QUATRE ARCHERS.
Allons, préparez-vous,
Et comptez bien les coups.

COMEDIE. 89

II. ENTRÉE DE BALLET.

Les Archers danſant, donnent en cadence des croquignoles à Polichinelle.

POLICHINELLE *pendant qu'on lui donne des croquignoles.*

Une & deux, trois & quatre, cinq & ſix, ſept & huit, neuf & dix, onze & douze, quatorze & quinze.

LES QUATRE ARCHERS.
Ah, ah, vous en voulez paſſer ?
Allons c'eſt à recommencer.

POLICHINELLE.
Ah, Meſſieurs, ma pauvre tête n'en peut plus; & vous venez de me la rendre comme une pomme cuite. J'aime mieux encore les coups de bâton, que de recommencer.

LES QUATRE ARCHERS.
Soit. Puiſque le bâton eſt pour vous plus charmant, Vous aurez contentement.

III. ENTRÉE DE BALLET.

Les Archers donnent en cadence des coups de bâton à Polichinelle.

POLICHINELLE *comptant les coups de bâton.*

Un, deux, trois, quatre, cinq, ſix. Ah, ah, ah ! Je n'y ſçaurois plus réſiſter. Tenez, Meſſieurs, voilà ſix piſtoles que je vous donne.

LES QUATRE ARCHERS.
Ah, l'honnête homme ! Ah, l'ame noble & belle !
Adieu, Seigneur ; adieu, Seigneur Polichinelle.

LE MALADE IMAGINAIRE,
POLICHINELLE.
Messieurs, je vous donne le bon soir.
LES QUATRE ARCHERS.
Adieu, Seigneur ; adieu, Seigneur Polichinelle.
POLICHINELLE.
Votre serviteur.
LES QUATRE ARCHERS.
Adieu, Seigneur ; adieu, Seigneur Polichinelle.
POLICHINELLE.
Très-humble valet.
LES QUATRE ARCHERS.
Adieu, Seigneur ; adieu, Seigneur Polichinelle.
POLICHINELLE.
Jusqu'au revoir.

IV. & derniere ENTRÉE DE BALLET.

Les Archers dansent en réjouissance de l'argent qu'ils ont reçu.

Fin du premier Intermede.

ACTE II.

Le Théatre représente la chambre d'Argan.

SCENE PREMIERE.
CLEANTE TOINETTE.

TOINETTE *ne reconnoissant pas Cléante.*

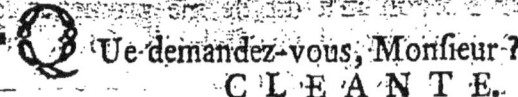

Que demandez-vous, Monsieur?

CLEANTE.

Ce que je demande.

TOINETTE.

Ah, ah! c'est vous! quelle surprise! que venez-vous faire céans?

CLEANTE.

Sçavoir ma destinée, parler à l'aimable Angélique, consulter les sentimens de son cœur, & lui demander ses résolutions sur ce mariage fatal, dont on m'a averti.

TOINETTE.

Oui; mais on ne parle pas comme cela de but en blanc à Angélique, il y faut des mysteres; & l'on vous a dit l'étroite garde où elle est retenue, qu'on ne la laisse ni sortir, ni parler à personne; & que ce ne fut que la curiosité d'une vieille tante, qui nous fit accorder la liberté d'aller à cette Comédie, qui donna lieu à la naissance de votre passion; & nous nous sommes bien gardées de parler de cette aventure.

CLEANTE.

Aussi ne viens-je pas ici comme Cléante, & sous

L'apparence de son amant; mais comme ami de son Maître de Musique, dont j'ai obtenu le pouvoir de dire qu'il m'envoie à sa place.

TOINETTE.

Voici son pere. Retirez-vous un peu & me laissez lui dire que vous êtes-là.

SCENE II.

ARGAN, TOINETTE.

ARGAN *se croyant seul, & sans voir Toinette.*

Monsieur Purgon m'a dit de me promener le matin dans ma chambre douze allées & douze venues; mais j'ai oublié à lui demander si c'est en long ou en large.

TOINETTE.

Monsieur, voilà un.....

ARGAN.

Parle bas, pendarde. Tu viens m'ébranler tout le cerveau, & tu ne songes pas qu'il ne faut point parler si haut à des malades.

TOINETTE.

Je voudrois vous dire, Monsieur.....

ARGAN.

Parle bas, te dis-je.

TOINETTE.

Monsieur.....

(*elle fait semblant de parler.*)

ARGAN.

Hé?

TOINETTE.

Je vous dis que.....

(*elle fait encore semblant de parler.*)

ARGAN.

Qu'est-ce que tu dis?

COMÉDIE.

TOINETTE *haut.*

Je dis que voilà un homme qui veut parler à vous.

ARGAN.

Qu'il vienne.

(*Toinette fait signe à Cléante d'avancer.*

SCENE III.

ARGAN, CLÉANTE, TOINETTE.

CLÉANTE.

Monsieur.....

TOINETTE *à Cléante.*

Ne parlez pas si haut, de peur d'ébranler le cerveau de Monsieur.

CLÉANTE.

Monsieur, je suis ravi de vous trouver debout, & de voir que vous vous portez mieux.

TOINETTE *feignant d'être en colère.*

Comment! qu'il se porte mieux? cela est faux. Monsieur se porte toujours mal.

CLÉANTE.

J'ai oui-dire que Monsieur étoit mieux, & je lui trouve bon visage.

TOINETTE.

Que voulez-vous dire avec votre bon visage? Monsieur l'a fort mauvais; & ce sont des impertinens qui vous ont dit qu'il étoit mieux. Il ne s'est jamais si mal porté.

ARGAN.

Elle a raison.

TOINETTE.

Il marche, dort, mange & boit tout comme les autres; mais cela n'empêche pas qu'il ne soit fort malade.

ARGAN.
Cela est vrai.
CLEANTE.
Monsieur, j'en suis au désespoir. Je viens de la part du Maître à chanter de Mademoiselle votre fille, il s'est vu obligé d'aller à la campagne pour quelques jours ; &, comme son ami intime, il m'envoie à sa place pour lui continuer ses leçons, de peur qu'en les interrompant, elle ne vînt à oublier ce qu'elle sçait déjà.
ARGAN.
(à Toinette.)
Fort bien. Appellez Angélique.
TOINETTE.
Je crois, Monsieur, qu'il sera mieux de mener Monsieur à sa chambre.
ARGAN.
Non. Faites-là venir.
TOINETTE.
Il ne pourra lui donner leçon, comme il faut, s'ils ne sont en particulier.
ARGAN.
Si fait, si fait.
TOINETTE.
Monsieur, cela ne fera que vous étourdir ; & il ne faut rien pour vous émouvoir dans l'état où vous êtes, & vous ébranler le cerveau.
ARGAN.
Point, point, j'aime la musique ; & je serai bien
(à Toinette.)
aise de..... Ah ! la voici. Allez-vous-en voir, vous, si ma femme est habillée.

SCENE IV.

ARGAN, ANGELIQUE, CLEANTE,

ARGAN.

Venez ma fille. Votre Maître de Musique est allé aux champs, & voilà une personne qu'il envoie à sa place pour vous montrer.

ANGELIQUE *reconnoissant Cléante.*

Ah, Ciel !

ARGAN.

Qu'est-ce ? d'où vient cette surprise ?

ANGELLQUE.

C'est......

ARGAN.

Quoi ? qui vous émeut de la sorte ?

ANGELIQUE.

C'est, mon pere, une aventure surprenante qui se rencontre ici.

ARGAN.

Comment ?

ANGELIQUE.

J'ai songé cette nuit que j'étois dans le plus grand embarras du monde, & qu'une personne faite tout comme Monsieur, s'est présentée à moi, à qui j'ai demandé du secours, & qui m'est venu tirer de la peine où j'étois ; & ma surprise a été grande de voir inopinément, en arrivant ici, ce que j'ai eu dans l'idée toute la nuit.

CLEANTE.

Ce n'est pas être malheureux que d'occuper votre pensée, soit en dormant, soit en veillant ; & mon bonheur seroit grand, sans doute, si vous étiez dans quelque peine dont vous me jugeassiez digne de vous tirer ; & il n'y a rien que ne fisse pour......

SCENE V.
ARGAN, ANGÉLIQUE, CLÉANTE, TOINETTE.

TOINETTE à *Argan*.

Ma foi, Monsieur, je suis pour vous maintenant, & je me dédis de tout ce que je disois hier. Voici Monsieur Diafoirus le pere, & Monsieur Diafoirus le fils qui viennent vous rendre visite. Que vous serez bien engendré! Vous allez voir le garçon le mieux fait du monde, & le plus spirituel. Il n'a dit que deux mots qui m'ont ravie, & votre fille va être charmée de lui.

ARGAN à *Cléante, qui feint de vouloir s'en aller*.
Ne vous en allez point, Monsieur. C'est que je marie ma fille; & voilà qu'on lui amene son prétendu mari, qu'elle n'a point encore vu.

CLÉANTE.
C'est m'honorer beaucoup, Monsieur, de vouloir que je sois témoin d'une entrevue si agréable.

ARGAN.
C'est le fils d'un habile Médecin; & le mariage se fera dans quatre jours.

CLÉANTE.
Fort bien.

ARGAN.
Mandez-le un peu à son Maître de Musique, afin qu'il se trouve à la noce.

CLÉANTE.
Je n'y manquerai pas.

ARGAN.
Je vous y prie aussi.

CLÉANTE.
Vous me faites beaucoup d'honneur.

TOINETTE.
Allons, qu'on se range, les voici.

COMEDIE.

SCENE VI.

MONSIEUR DIAFOIRUS, THOMAS DIAFOIRUS, ARGAN, ANGELIQUE, CLÉANTE, TOINETTE, LAQUAIS.

ARGAN *mettant la main à son bonnet sans l'ôter.*

Monsieur Purgon, Monsieur, m'a défendu de découvrir ma tête. Vous êtes du métier, vous sçavez les conséquences.

M. DIAFOIRUS.

Nous sommes dans toutes nos visites pour porter secours aux malades, & non pour leur porter de l'incommodité.

(*Argan & M. Diafoirus parlant en même-tems.*)

ARGAN.

Je reçois, Monsieur,

M. DIAFOIRUS.

Nous venons ici, Monsieur,

ARGAN.

Avec beaucoup de joie,

M. DIAFOIRUS.

Mon fils Thomas, & moi,

ARGAN.

L'honneur que vous me faites ;

M. DIAFOIRUS.

Vous témoigner, Monsieur,

ARGAN.

Et j'aurois souhaité

M. DIAFOIRUS.

Le ravissement où nous sommes,

ARGAN.

De pouvoir aller chez vous.

Tome VIII. E

LE MALADE IMAGINAIRE,

M. DIAFOIRUS.
De la grace que vous nous faites.
ARGAN.
Pour vous en aſſurer.
M. DIAFOIRUS.
De vouloir bien nous recevoir.
ARGAN.
Mais vous ſçavez, Monſieur,
M. DIAFOIRUS.
Dans l'honneur, Monſieur,
ARGAN.
Ce que c'eſt qu'un pauvre malade,
M. DIAFOIRUS.
De votre alliance ;
ARGAN.
Qui ne peut faire autre choſe,
M. DIAFOIRUS.
Et vous aſſurer.
ARGAN.
Que de vous dire ici.
M. DIAFOIRUS.
Que, dans les choſes qui dépendront de notre métier,
ARGAN.
Qu'il cherchera toutes les occaſions.
M. DIAFOIRUS.
De même qu'en tout autre,
ARGAN.
De vous faire connoître, Monſieur,
M. DIAFOIRUS.
Nous ferons toujours prêts, Monſieur,
ARGAN.
Qu'il eſt tout à votre ſervice.
M. DIAFOIRUS.
A vous témoigner notre zèle. (*à ſon fils.*) Allons, Thomas, avancez. Faites vos complimens.
THOMAS DIAFOIRUS *à M. Diafoirus.*
N'eſt-ce pas par le pere qu'il convient commencer ?

COMEDIE.

M. DIAFOIRUS.

Oui.

THOMAS DIAFOIRUS à *Argan*.

Monsieur, je viens saluer, reconnoître, chérir, & révérer en vous un second pere ; mais un second pere, auquel j'ose dire que je me trouve plus redevable qu'au premier. Le premier m'a engendré ; mais vous m'avez choisi. Il m'a reçu par nécessité ; mais vous m'avez accepté par grace. Ce que je tiens de lui, est un ouvrage de son corps ; mais ce que je tiens de vous, est un ouvrage de votre volonté, & d'autant plus que les facultés spirituelles sont au-dessus des corporelles, d'autant plus je vous dois ; & d'autant plus je tiens précieuse cette future filiation, dont je viens aujourd'hui vous rendre, par avance, les très-humbles, & très-respectueux hommages.

TOINETTE.

Vivent les Colléges, d'où l'on sort si habile homme.

THOMAS DIAFOIRUS à *M. Diafoirus*.

Cela a-t-il bien été, mon pere ?

M. DIAFOIRUS.

Optimé.

ARGAN à *Angélique*.

Allons, saluez Monsieur.

THOMAS DIAFOIRUS à *M. Diafoirus*.

Baiserai-je ?

M. DIAFOIRUS.

Oui, oui.

THOMAS DIAFOIRUS à *Angélique*.

Madame, c'est avec justice, que le Ciel vous a concédé le nom de belle-mere, puisque l'on...

ARGAN à *Thomas Diafoirus*.

Ce n'est pas ma femme, c'est ma fille à qui vous parlez.

THOMAS DIAFOIRUS.

Où donc est-elle ?

ARGAN.

Elle va venir.

E 2

THOMAS DIAFOIRUS.
Attendrai-je, mon pere, qu'elle soit venue?
M. DIAFOIRUS.
Faites toujours le compliment à Mademoiselle.
THOMAS DIAFOIRUS.
Mademoiselle, ne plus ne moins que la statue de Memnon rendoit un son harmonieux, lorsqu'elle venoit à être éclairée des rayons du soleil, tout de même me sens-je animé d'un doux transport à l'apparition du soleil de vos beautés ; & comme les naturalistes remarquent que la fleur nommée héliotrope tourne sans cesse vers cet astre du jour, aussi mon cœur dores-en-vant, tournera-t-il toujours vers les astres resplendissans de vos yeux adorables, ainsi que vers son pôle unique. Souffrez donc, Mademoiselle, que j'appende aujourd'hui à l'autel de vos charmes l'offrande de ce cœur, qui ne respire, & n'ambitionne autre gloire, que d'être toute sa vie, Mademoiselle, votre très-humble, très-obéissant, & très-fidèle serviteur, & mari.
TOINETTE.
Voilà ce que c'est que d'étudier ! l'on apprend à dire de belles choses.
ARGAN à Cléante.
Hé ! Que dites-vous de cela?
CLEANTE.
Que Monsieur fait merveille, & que s'il est aussi bon Médecin, qu'il est bon orateur, il y aura plaisir à être de ses malades.
TOINETTE.
Assurément. Ce sera quelque chose d'admirable, s'il fait d'aussi belles cures, qu'il fait de beaux discours.
ARGAN.
Allons, vîte, ma chaise, & des siéges à tout le mon- (*des laquais donnent des siéges.*) (*à M. Diafoirus.*) de. Mettez-vous-là, ma fille. Vous voyez, Monsieur, que tout le monde admire Monsieur votre fils, & je vous trouve bienheureux de vous voir un garçon comme cela.

COMEDIE.

M. DIAFOIRUS.

Monsieur, ce n'est pas parce que je suis son pere, mais je puis dire que j'ai sujet d'être content de lui ; & que tous ceux qui le voient, en parlent comme d'un garçon qui n'a point de méchanceté. Il n'a jamais eu l'imagination bien vive, ni ce feu d'esprit qu'on remarque dans quelques-uns ; mais c'est par-là que j'ai toujours bien auguré de sa judiciaire qualité requise pour l'exercice de notre art. Lorsqu'il étoit petit, il n'a jamais été, ce qu'on appelle miévre & éveillé. On le voyoit toujours doux, paisible, & taciturne, ne disant jamais mot, & ne jouant jamais à tous ces petits jeux, que l'on nomme enfantins. On eut toutes les peines du monde à lui apprendre à lire ; & il avoit neuf ans qu'il ne connoissoit pas encore ses lettres. Bon, disois-je en moi-même, les arbres tardifs sont ceux qui portent les meilleurs fruits. On grave sur le marbre bien plus malaisément que sur le sable ; mais les choses y sont conservées bien plus long-tems, & cette lenteur à comprendre, cette pesanteur d'imagination, est la marque d'un bon jugement à venir. Lorsque je l'envoyai au Collége, il trouva de la peine ; mais il se roidissoit contre les difficultés, & ses Régens se louoient toujours à moi de son assiduité, & de son travail. Enfin, à force de battre le fer, il en est venu glorieusement à avoir ses licences ; & je puis dire, sans vanité, que, depuis deux ans qu'il est sur les bancs, il n'y a point de candidat qui ait fait plus de bruit que lui dans toutes les disputes de notre école. Il s'y est rendu redoutable ; & il ne s'y passe point d'Acte où il n'aille argumenter à outrance pour la proposition contraire. Il est ferme dans la dispute, fort comme un Turc sur ses principes, ne démord jamais de son opinion ; & poursuit un raisonnement jusques dans les derniers recoins de la Logique. Mais, sur toute chose, ce qui me plaît en lui, & en quoi il suit mon exemple, c'est qu'il s'attache aveuglément aux opi-

E 3

nions de nos anciens, & que jamais il n'a voulu comprendre, ni écouter les raisons, & les expériences des prétendues découvertes de notre siecle, touchant la circulation du sang, & autres opinions de même farine.

THOMAS DIAFOIRUS *tirant de sa poche une grande thèse roulée, qu'il présente à Angélique.*

J'ai, contre les circulateurs, soutenu une thèse,

(*saluant Argan.*)

qu'avec la permission de Monsieur, j'ose présenter à Mademoiselle, comme un hommage que je lui dois des prémices de mon esprit.

ANGELIQUE.

Monsieur, c'est pour moi un meuble inutile; & je ne me connois pas à ces choses-là.

TOINETTE *prenant la thèse.*

Donnez, donnez. Elle est toujours bonne à prendre pour l'image; cela servira à parer notre chambre.

THOMAS DIAFOIRUS *saluant encore Argan.*

Avec la permission aussi de Monsieur, je vous invite à venir voir, l'un de ses jours, pour vous divertir, la dissection d'une femme, sur quoi je dois raisonner.

TOINETTE.

Le divertissement sera agréable. Il y en a qui donnent la Comédie à leurs maîtresses; mais donner une dissection, est quelque chose de plus galant.

M. DIAFOIRUS.

Au reste, pour ce qui est des qualités requises pour le mariage & la propagation, je vous assure que, selon les regles de nos Docteurs, il est tel qu'on le peut souhaiter, qu'il possede en un dégré louable la vertu prolifique; & qu'il est du tempérament qu'il faut pour engendrer, & procréer des enfans bien conditionnés.

ARGAN.

N'est-ce pas votre intention, Monsieur, de le pousser à la Cour, & d'y ménager pour lui une charge de Médecin?

M. DIAFOIRUS.

A vous parler franchement, notre métier auprès des Grands ne m'a jamais paru agréable, & j'ai toujours trouvé qu'il valoit mieux, pour nous autres, demeurer au public. Le public est commode. Vous n'avez à répondre de vos actions à personne ; &, pourvu que l'on suive le courant des regles de l'art, on ne se met point en peine de tout ce qui peut arriver. Mais ce qu'il y a de fâcheux auprès des Grands, c'est que, quand ils viennent à être malades, ils veulent absolument que leurs Médecins les guérissent.

TOINETTE.

Cela est plaisant ; & ils sont bien impertinens de vouloir que, vous autres Messieurs, vous les guérissiez. Vous n'êtes point auprès d'eux pour cela, vous n'y êtes que pour recevoir vos pensions, & leur ordonner des remedes ; c'est à eux à guérir s'ils peuvent.

M. DIAFOIRUS.

Cela est vrai. On n'est obligé qu'à traiter les gens dans les formes.

ARGAN à Cléante.

Monsieur, faites un peu chanter ma fille, devant la compagnie.

CLEANTE.

J'attendois vos ordres, Monsieur ; & il m'est venu en pensée, pour divertir la compagnie, de chanter avec Mademoiselle une scene d'un petit opéra qu'on
        (à Angélique, lui donnant un papier.)
a fait depuis peu. Tenez, voilà votre partie.

ANGELIQUE.

Moi ?

CLEANTE bas à Angélique.

Ne vous défendez point, s'il vous plaît, & me laissez vous faire comprendre ce que c'est que la scene que nous devons chanter. (haut.) Je n'ai pas une voix à chanter ; mais ici il suffit que je me fasse entendre, & l'on aura la bonté de m'excuser, par la nécessité où je me trouve de faire chanter Madamoiselle.

ARGAN.

Les vers en sont-ils beaux ?

CLÉANTE.

C'est proprement ici un petit opéra inprômptu ; & vous n'allez entendre chanter que de la prose cadencée, ou des manieres de vers libres, tels que la passion & la nécessité peuvent faire trouver à deux personnes, qui disent les choses d'eux-mêmes, & parlent sur le champ.

ARGAN.

Fort bien. Écoutons.

CLÉANTE.

Voici le sujet de la scene. Un Berger étoit attentif aux beautés d'un spectacle qui ne faisoit que commencer, lorsqu'il fut tiré de son attention, par un bruit qu'il entendit à ses côtés. Il se retourne, & voit un brutal qui, de paroles insolentes, maltraitoit une Bergere. D'abord il prend les intérêts d'un sexe à qui tous les hommes doivent hommage ; &, après avoir donné au brutal le châtiment de son insolence, il vient à la Bergere, & voit une jeune personne qui, des plus beaux yeux qu'il eût jamais vus, versoit des larmes qu'il trouva les plus belles du monde. Hélas ! dit-il en lui-même, est-on capable d'outrager une personne si aimable, & quel inhumain, quel barbare ne seroit touché par de telles larmes ! Il prend soin de les arrêter, ces larmes qu'il trouve si belles ; & l'aimable Bergere prend soin en même-tems de le remercier de son léger service ; mais d'une maniere si charmante, si tendre & si passionnée, que le Berger n'y peut resister ; & chaque mot, chaque regard, est un trait plein de flamme, dont son cœur se sent pénétré. Est-il, disoit-il, quelque chose qui puisse mériter les aimables paroles d'un tel remerciement ! Et que ne voudroit-on pas faire ; à quels services, à quels dangers ne seroit-on pas ravi de courir, pour s'attirer un seul moment des touchantes douceurs d'une ame si reconnoissante ? Tout le spectacle passe sans qu'il y donne aucune attention ; mais il se plaint qu'il est trop court, parce qu'en finissant, il le sépare de son adorable Bergere ; &, de cette premiere vue, de ce premier moment, il emporte chez lui tout ce qu'un amour de plusieurs années peut avoir de plus violent. Le voilà aussi-tôt à sentir tous les maux de l'absence ; & il est tourmenté de ne plus voir ce qu'il a si peu vu. Il fait tout ce qu'il peut pour se redonner la vue, dont il conserve nuit & jour une si chere idée ; mais la grande contrainte où l'on tient sa Bergere, lui en ôte tous les moyens. La violence de sa passion le fait résoudre à demander en mariage l'adorable beauté, sans laquelle il ne peut plus vivre ; & il en obtient d'elle la permission, par un billet qu'il a l'adresse de lui faire tenir. Mais, dans le même-tems, on l'avertit que le pere de cette belle a conclu son mariage avec un autre ; & que tout se dispose pour en célébrer la cérémonie. Jugez quelle atteinte cruelle au cœur de ce triste Berger. Le voilà accablé d'une mortelle douleur, il ne peut souffrir l'effroyable idée de voir tout ce qu'il aime entre les bras d'un autre ; & son amour au désespoir lui fait trouver le moyen de s'introduire dans la maison de sa Bergere pour apprendre ses sentimens, & sçavoir d'elle la destinée à laquelle il doit se résoudre. Il y rencontre les apprêts de tout ce qu'il craint, il y voit venir l'indigne rival que le caprice d'un pere oppose aux tendresses de son amour, il le voit triomphant, ce rival ridicule, auprès de l'aimable Bergere, ainsi qu'auprès d'une conquête qui lui est assurée ; & cette vue le remplit d'une colere, dont il a peine à se rendre le maître. Il jette de douloureux regards sur celle qu'il adore ; & son respect, & la presence de son pere l'empêchent de lui rien dire que des yeux. Mais, enfin, il force toute contrainte, & le trans-

port de son amour l'oblige à lui parler ainsi.
(il chante.)

Belle Philis, c'est trop, c'est trop souffrir,
Rompons ce dur silence, & m'ouvrez vos pensées.
Apprenez-moi ma destinée ;
Faut-il vivre ? Faut-il mourir ?
ANGELIQUE *en chantant.*
Vous me voyez, Tircis, triste & mélancolique,
Aux apprêts de l'hymen, dont vous vous allarmez.
Je leve au Ciel les yeux, je vous regarde, je soupire,
C'est vous en dire assez.
ARGAN.
Quais ! Je ne croyois pas que ma fille fût si habile,
que de chanter ainsi à livre ouvert, sans hésiter.
CLEANTE.
Hélas ! Belle Philis,
Se pourroit il que l'amoureux Tircis,
Eût assez de bonheur,
Pour avoir quelque place dans votre cœur ?
ANGELIQUE.
Je ne m'en défends point, dans cette peine extrême ?
Oui, Tircis, je vous aime.
CLEANTE.
O parole pleine d'appas !
Ai-je bien entendu ? Hélas !
Redites-la, Philis, que je n'en doute pas.
ANGELIQUE.
Oui, Tircis, je vous aime.
CLEANTE.
De grace, encor, Philis.
ANGELIQUE.
Je vous aime.
CLEANTE.
Recommencez cent fois, ne vous en lassez pas.
ANGELIQUE.
Je vous aime, je vous aime,
Oui, Tircis, je vous aime.

CLEANTE.

Dieux, Rois, qui sous vos pieds regardez tout le monde,
Pouvez-vous comparer votre bonheur au mien?
Mais, Philis, une pensée
Vient troubler ce doux transport,
Un rival, un rival....

ANGELIQUE.

Ah! je le hais plus que la mort;
Et sa presence, ainsi qu'à vous,
M'est un cruel supplice.

CLEANTE.

Mais un pere à ses vœux vous veut assujettir.

ANGELIQUE.

Plutôt, plutôt mourir,
Que de jamais y consentir;
Plutôt, plutôt mourir, plutôt mourir.

ARGAN.

Et que dit le pere à tout cela?

CLEANTE.

Il ne dit rien.

ARGAN.

Voilà un sot pere que ce pere-là, de souffrir toutes ces sottises-là, sans rien dire.

CLEANTE *voulant continuer à chanter.*

Ah! mon amour....

ARGAN.

Non, non, en voilà assez. Cette Comédie-là est de fort mauvais exemple. Le Berger Tircis est un impertinent; & la bergere Philis une impudente de parler de la sorte devant son pere. (*à Angélique.*) Montrez-moi ce papier. Ah, ah! où sont donc les paroles que vous dites? Il n'y a là que de la musique écrite.

CLEANTE.

Est-ce que vous ne sçavez pas, Monsieur, qu'on a trouvé, depuis peu, l'invention d'écrire les paroles avec les notes mêmes?

E 6

ARGAN.

Fort bien. Je fuis votre ferviteur, Monfieur, jufqu'au revoir. Nous nous ferions bien paſſés de votre impertinent opéra.

CLEANTE.

J'ai crû vous divertir.

ARGAN.

Les fottifes ne divertiſſent point. Ah ! voici ma femme.

SCENE VII.

BELINE, ARGAN, ANGELIQUE, MONSIEUR DIAFOIRUS, THOMAS DIAFOIRUS, TOINETTE.

ARGAN.

M Amour, voilà le fils de M. Diafoirus.

THOMAS DIAFOIRUS.

Madame, c'eſt avec juſtice que le Ciel vous a concédé le nom de belle-mere puiſque l'on voit ſur votre viſage....

BELINE.

Monſieur, je ſuis ravie d'être ici venue à propos, pour avoir l'honneur de vous voir.

THOMAS DIAFOIRUS.

Puiſque l'on voit ſur votre viſage.... Puiſque l'on voit ſur votre viſage... Madame, vous m'avez interrompu dans le milieu de ma période, & cela m'a troublé la mémoire.

M. DIAFOIRUS.

Thomas, réſervez cela pour une autrefois.

ARGAN.

Je voudrois, mamie, que vous euſſiez été ici tantôt.

TOINETTE.

Ah! Madame, vous avez bien perdu de n'avoir point été au second pere, à la statue de Memnon, & la fleur nommée héliotrope.

ARGAN.

Allons, ma fille, touchez dans la main de Monsieur, & lui donnez votre foi, comme à votre mari.

ANGELIQUE.

Mon pere.

ARGAN.

Hé bien, mon pere. Qu'est-ce que cela veut dire?

ANGELIQUE.

De grace, ne précipitez pas les choses. Donnez-nous au moins le tems de nous connoître, & de voir naître en nous, l'un pour l'autre, cette inclination si nécessaire à composer une union parfaite.

THOMAS DIAFOIRUS.

Quant à moi, Mademoiselle, elle est déjà toute née en moi; & je n'ai pas besoin d'attendre d'avantage.

ANGELIQUE.

Si vous êtes si prompt, Monsieur, il n'en est pas de même de moi; & je vous avoue que votre mérite n'a pas encore assez fait d'impression dans mon ame.

ARGAN.

Oh bien, bien, cela aura tout le loisir de se faire, quand vous serez mariés ensemble.

ANGELIQUE.

Hé mon pere, donnez-moi du tems, je vous prie. Le mariage est une chaîne, où l'on ne doit jamais soumettre un cœur par force; &, si Monsieur est honnête-homme, il ne doit point vouloir accepter une personne, qui seroit à lui par contrainte.

THOMAS DIAFOIRUS.

Nego consequentiam, Mademoiselle, & je puis être honnête-homme, & vouloir bien vous accepter des mains de Monsieur votre pere.

ANGELIQUE.

C'est un méchant moyen de se faire aimer de quelqu'un, que de lui faire violence.

THOMAS DIAFOIRUS.

Nous lisons des anciens, Mademoiselle, que leur coutume étoit d'enlever par force de la maison des peres les filles qu'on menoit marier, afin qu'il ne semblât pas que ce fut de leur consentement, qu'elles convoloient dans les bras d'un homme.

ANGELIQUE.

Les anciens, Monsieur, sont les anciens, & nous sommes les gens de maintenant. Les grimaces ne sont point nécessaires dans notre siecle ; & quand un mariage nous plaît, nous sçavons fort bien y aller, sans qu'on nous y traîne. Donnez-vous patience ; si vous m'aimez, Monsieur, vous devez vouloir tout ce que je veux.

THOMAS DIAFOIRUS.

Oui, Mademoiselle, jusqu'aux intérêts de mon amour exclusivement.

ANGELIQUE.

Mais la grande marque d'amour, c'est d'être soumis aux volontés de celle qu'on aime.

THOMAS DIAFOIRUS.

Distinguo, Mademoiselle. Dans ce qui ne regarde point sa possession, *concedo* ; mais dans ce qui la regarde, *nego*.

TOINETTE *à Angelique*.

Vous avez beau raisonner. Monsieur est frais émoulu du Collége ; & il vous donnera toujours votre reste. Pourquoi tant résister, & refuser la gloire d'être attachée au corps de la Faculté.

BELINE.

Elle a peut-être quelque inclination en tête.

ANGELIQUE.

Si j'en avois, Madame, elle seroit telle que la raison & l'honnêteté pourroient me le permettre.

ARGAN.

Ouais ! Je joue ici un plaisant personnage.

BELINE.

Si j'étois que de vous, mon fils, je ne la forcerois

COMEDIE.

point à se marier, & je sçais bien ce que je ferois.

ANGELIQUE.

Je sçais, Madame, ce que vous voulez dire, & les bontés que vous avez pour moi ; mais peut-être que vos conseils ne seront pas assez heureux pour être exécutés.

BELINE.

C'est que les filles bien sages & bien honnêtes comme vous, se moquent d'être obéissantes ; & soumises aux volontés de leurs peres. Cela étoit bon autrefois.

ANGELIQUE.

Le devoir d'une fille a des bornes, Madame ; & la raison & les loix ne l'étendent point à toutes sortes de choses.

BELINE.

C'est-à-dire, que vos pensées ne sont que pour le mariage ; mais vous voulez choisir un époux à votre fantaisie.

ANGELIQUE.

Si mon pere ne veut pas me donner un mari qui me plaise, je le conjurerai, au moins, de ne me point forcer à en épouser un que je ne puisse pas aimer.

ARGAN.

Messieurs, je vous demande pardon de tout teci.

ANGELIQUE.

Chacun a son but en se mariant. Pour moi, qui ne veux un mari que pour l'aimer véritablement, & qui prétends en faire tout l'attachement de ma vie, je vous avoue que j'y cherche quelque précaution. Il y en a d'aucunes qui prennent des maris seulement pour se tirer de la contrainte de leurs parens, & se mettre en état de faire tout ce qu'elles voudront. Il y en a d'autres, Madame, qui font du mariage un commerce de pur intérêt, qui ne se marient que pour gagner des douaires, que pour s'enrichir par la mort de ceux qu'elles épousent, & courent sans scrupule de mari en mari, pour s'approprier leurs dépouilles. Ces personnes-là à la véri.é n'y cherchent pas tant de façons, & regardent peu la personne.

BELINE.
Je vous trouve aujourd'hui bien raisonnante ; & je voudrois bien sçavoir ce que vous voulez dire par-là.

ANGELIQUE.
Moi, Madame ? que voudrois-je dire que ce que je dis ?

BELINE.
Vous êtes si sotte, mamie, qu'on ne sçauroit plus vous souffrir.

ANGELIQUE.
Vous voudriez bien, Madame, m'obliger à vous répondre quelque impertinence ; mais je vous avertis que vous n'aurez pas cet avantage.

BELINE.
Il n'est rien d'égal à votre insolence.

ANGELIQUE.
Non, Madame ? vous avez beau dire.

BELINE.
Et vous avez un ridicule orgueil, une impertinente présomption qui fait hausser les épaules à tout le monde.

ANGELIQUE.
Tout cela, Madame, ne servira de rien. Je serai sage en dépit de vous ; &, pour vous ôter l'espérance de pouvoir réussir dans ce que vous voulez, je vais m'ôter de votre vue.

SCENE VIII.

ARGAN, BELINE, M. DIAFOIRUS, THOMAS DIAFOIRUS, TOINETTE.

ARGAN à *Angélique qui sort.*

Ecoute, il n'y a point de milieu à cela. Choisis d'épouser dans quatre jours ou Monsieur, ou (*à Béline.*) un couvent. Ne vous mettez pas en peine, je la rangerai bien.

BELINE.

Je suis fâchée de vous quitter, mon fils ; mais j'ai une affaire en ville, dont je ne puis me dispenser. Je reviendrai bientôt.

ARGAN.

Allez, mamour ; & passez chez votre Notaire, afin qu'il expédie ce que vous sçavez.

BELINE.

Adieu, mon petit ami.

ARGAN.

Adieu, mamie.

SCENE IX.

ARGAN, MONSIEUR DIAFOIRUS, THOMAS DIAFOIRUS, TOINETTE.

ARGAN.

Voilà une femme qui m'aime.... Cela n'est pas croyable.

M. DIAFOIRUS.
Nous allons, Monsieur, prendre congé de vous.
ARGAN.
Je vous prie, Monsieur, de me dire un peu comment je suis.

M. DIAFOIRUS *tâtant le pouls d'Argan.*
Allons, Thomas, prenez l'autre bras de Monsieur, pour voir si vous sçaurez porter un bon jugement de son pouls. *Quid dicis ?*
THOMAS DIAFOIRUS.
Dico que le pouls de Monsieur est le pouls d'un homme qui ne se porte pas bien.
M. DIAFOIRUS.
Bon.
THOMAS DIAFOIRUS.
Qu'il est duriuscule, pour ne pas dire dur.
M. DIAFOIRUS.
Fort bien.
THOMAS DIAFOIRUS.
Repoussant.
M. DIAFOIRUS.
Benè.
THOMAS DIAFOIRUS.
Et même un capricant.
M. DIAFOIRUS.
Optimè.
THOMAS DIAFOIRUS.
Ce qui marque une intempérie dans le *parenchyme splénique*, c'est-à-dire, la rate.
M. DIAFOIRUS.
Fort bien.
ARGAN.
Non. Monsieur Purgon dit que c'est mon foie qui est malade.
M. DIAFOIRUS.
Et oui ; qui dit *parenchyme*, dit l'un & l'autre, à cause de l'étroite sympathie qu'ils ont ensemble, par le moyen du *vas breve* du *pylore*, & souvent des

COMEDIE. 115

meats cholidoques. Il vous ordonne sans doute de manger force rôti ?

ARGAN.

Non, rien que du bouilli.

M. DIAFOIRUS.

Et oui ; rôti, bouilli, même chose. Il vous ordonne fort prudemment, & vous ne pouvez être en de meilleures mains.

ARGAN.

Monsieur, combien est-ce qu'il faut mettre de grains de sel dans un œuf ?

M. DIAFOIRUS.

Six, huit, dix, par les nombres pairs, comme dans les médicamens, par les nombres impairs.

ARGAN.

Jusqu'au revoir, Monsieur.

SCENE X.

BELINE, ARGAN.

BELINE.

JE viens, mon fils, avant que de sortir, vous donner avis d'une chose, à laquelle il faut que vous preniez garde. En passant par-devant la chambre d'Angélique, j'ai vu un jeune homme avec elle, qui s'est sauvé d'abord qu'il m'a vue.

ARGAN.

Un jeune homme avec ma fille ?

BELINE.

Oui. Votre petite fille Louison étoit avec eux, qui pourra vous en dire des nouvelles.

ARGAN.

Envoyez-la ici, mamour ; envoyez-la ici. Ah
(*seul.*)
l'effrontée ! Je ne m'étonne plus de sa résistance.

SCENE XI.

ARGAN, LOUISON.

LOUISON.

Qu'eſt-ce que vous me voulez, mon Papa ? Ma belle Maman m'a dit que vous me demandiez.

ARGAN.

Oui, venez-çà. Avancez-là. Tournez-vous. Levez les yeux. Regardez-moi. Hé ?

LOUISON.

Quoi, mon Papa ?

ARGAN.

Là ?

LOUISON.

Quoi ?

ARGAN.

N'avez-vous rien à me dire ?

LOUISON.

Je vous dirai, ſi vous voulez, pour vous déſennuyer, le conte de peau-d'âne, ou bien la fable du corbeau & du renard, qu'on m'a appriſe depuis peu.

ARGAN.

Ce n'eſt pas cela que je demande.

LOUISON.

Quoi donc ?

ARGAN.

Ah ! ruſée, vous ſcavez bien ce que je veux dire.

LOUISON.

Pardonnez-moi, mon Papa.

ARGAN.

Eſt-ce-là comme vous m'obéiſſez ?

LOUISON.

Quoi ?

COMEDIE. 117

ARGAN.

Ne vous ai-je pas recommandé de me venir dire d'abord tout ce que vous voyez?

LOUISON.

Oui, mon Papa.

ARGAN.

L'avez-vous fait?

LOUISON.

Oui, mon Papa. Je vous suis venu dire tout ce que j'ai vu.

ARGAN.

Et n'avez-vous rien vu aujourd'hui?

LOUISON.

Non, mon Papa.

ARGAN.

Non?

LOUISON.

Non, mon Papa.

ARGAN.

Assurément?

LOUISON.

Assurément.

ARGAN.

Oh çà, je m'en vais vous faire voir quelque chose, moi.

LOUISON *voyant une poignée de verges qu'Argan a été prendre.*

Ah! mon Papa.

ARGAN.

Ah, ah! petite masque, vous ne me dites pas que vous avez vu un homme dans la chambre de votre sœur?

LOUISON *pleurant.*

Mon Papa.

ARGAN *prenant Louison par le bras.*

Voici qui vous aprendra à mentir.

LOUISON *se jettant à genoux.*

Ah! Mon Papa, je vous demande pardon. C'est que

ma sœur m'avoit dit de ne pas vous le dire ; mais je m'en vais vous dire tout.

ARGAN.

Il faut premierement que vous ayez le fouet pour avoir menti. Puis après nous verrons au reste.

LOUISON.

Pardon, mon Papa.

ARGAN.

Non, non.

LOUISON.

Mon pauvre Papa, ne me donnez pas le fouet.

ARGAN.

Vous l'aurez.

LOUISON.

Au nom de Dieu, mon Papa, que je ne l'aie pas.

ARGAN *voulant la fouetter.*

Allons, allons.

LOUISON.

Ah ! Mon Papa, vous m'avez blessée. Attendez, je suis morte.

(*Elle contrefait la morte.*)

ARGAN.

Holà. Qu'est-ce-là ? Louison, Louison. Ah ! Mon Dieu ! Louison, Louison. Ah ! ma fille. Ah ! Malheureux, ma pauvre fille est morte. Qu'ai-je fait, misérable ? Ah ! chiennes de verges. La peste soit des verges. Ah ! ma pauvre fille, ma pauvre fille, ma pauvre petite Louison.

LOUISON.

Là, là, mon Papa, ne pleurez point tant, je ne suis pas morte tout-à-fait.

ARGAN.

Voyez-vous la petite rusée ? Oh ça, ça, je vous pardonne pour cette fois-ci, pourvu que vous me disiez bien tout.

LOUISON.

Oh ! oui, mon Papa.

COMEDIE.

ARGAN.

Prenez-y bien garde au moins ; car voilà un petit doigt qui sçait tout, qui me dira si vous mentez.

LOUISON.

Mais, mon Papa, ne dites pas à ma sœur que je vous l'ai dit.

ARGAN.

Non, non.

LOUISON *après avoir regardé si personne n'écoute.*

C'est, mon Papa, qu'il est venu un homme dans la chambre de ma sœur comme j'y étois.

ARGAN.

Hé bien ?

LOUISON.

Je lui ai demandé ce qu'il demandoit, & il m'a dit qu'il étoit son Maître à chanter.

ARGAN *à part.*

(*à Louison.*)

Hom, hom ! Voilà l'affaire. Hé bien ?

LOUISON.

Ma sœur est venue après.

ARGAN.

Hé bien ?

LOUISON.

Elle lui a dit, sortez, sortez, sortez ; mon Dieu ! sortez, vous me mettez au désespoir.

ARGAN.

Hé bien ?

LOUISON.

Et lui ne vouloit pas sortir.

ARGAN.

Qu'est-ce qu'il lui disoit ?

LOUISON.

Il lui disoit je ne sçais combien de choses.

ARGAN.

Et quoi encore ?

LE MALADE IMAGINAIRE,

LOUISON.

Il lui difoit tout-ci, tout-çà, qu'il l'aimoit bien, & qu'elle étoit la plus belle du monde.

ARGAN.

Et puis après.

LOUISON.

Et puis, il se mettoit à genoux devant elle.

ARGAN.

Et puis après ?

LOUISON.

Et puis après, il lui baifoit les mains.

ARGAN.

Et puis après ?

LOUISON.

Et puis après, ma belle Maman eft venue à la porte, & il s'eft enfui.

ARGAN.

Il n'y a point autre chose ?

LOUISON.

Non, mon Papa.

ARGAN.

Voilà mon petit doigt pourtant qui gronde quelque
(*Mettant son doigt à son oreille.*)
chose. Attendez. Hé ! Ah, ah ! Oui ? Oh, oh ! Voilà mon petit doigt qui me dit quelque chose que vous avez vu, & que vous ne m'avez pas dit.

LOUISON.

Ah ! Mon Papa, votre petit doigt eft un menteur.

ARGAN.

Prenez garde.

LOUISON.

Non, mon Papa ; ne le croyez pas, il ment je vous affure.

ARGAN.

Oh bien, bien, nous verrons cela. Allez-vous-en,
(*feul.*)
& prenez bien garde à tout, allez. Ah ! Il n'y a plus
d'enfans

d'enfans. Ah ! Que d'affaires ! Je n'ai pas seulement le loisir de songer à ma maladie. En vérité, je n'en puis plus.

(*Il se laisse tomber dans sa chaise.*)

SCENE XII.
BERALDE, ARGAN.

BERALDE.

HÉ bien, mon frere, qu'est-ce ? Comment vous portez-vous ?

ARGAN.
Ah ! mon frere, fort mal.

BERALDE.
Comment fort mal ?

ARGAN.
Oui. Je suis dans une foiblesse si grande, que cela n'est pas croyable.

BERALDE.
Voilà qui est fâcheux.

ARGAN.
Je n'ai pas seulement la force de pouvoir parler.

BERALDE.
J'étois venu ici, mon frere, vous proposer un parti pour ma niece Angélique.

ARGAN *parlant avec emportement, & se levant de sa chaise.*

Mon frere, ne me parlez point de cette coquine-là. C'est une friponne, une impertinente, une effrontée, que je mettrai dans un couvent avant qu'il soit deux jours.

BERALDE.
Ah ! voilà qui est bien. Je suis bien-aise que la force vous revienne un peu ; & que ma visite vous fasse du bien. Oh çà, nous parlerons d'affaires tantôt. Je

vous amene ici un divertissement que j'ai rencontré ; qui dissipera votre chagrin, & vous rendra l'ame mieux disposée aux choses que nous avons à dire. Ce sont des Egyptiens vêtus en Maures, qui font des danses mêlées de chansons, où je suis sûr que vous prendrez plaisir ; & cela vaudra bien une ordonnance de Monsieur Purgon. Allons.

Fin du second Acte.

II. INTERMEDE.

UNE EGYPTIENNE *chantante*, UN EGYPTIEN *chantant*, EGYPTIENS & EGYPTIENNES *dansans*, *vêtus en Maures*, *& portans des singes*.

UNE EGYPTIENNE.

Profitez du printems
  De vos beaux ans,
  Aimable jeunesse ;
Profitez du printems
  De vos beaux ans,
Donnez-vous à la tendresse.

Les plaisirs les plus charmans,
  Sans l'amoureuse flamme,
  Pour contenter une ame
N'ont point d'attraits assez puissans.

  Profitez du printems
    De vos beaux ans,
    Aimable jeunesse ;
  Profitez du printems

COMEDIE.

De vos beaux ans ;
Donnez-vous à la tendresse.
Ne perdez point ces précieux momens ;
La beauté passe,
Le temps l'efface ;
L'âge de glace
Vient à sa place,
Qui nous ôte le goût de ces doux passe-tems.

Profitez du printems
De vos beaux ans,
Aimable jeunesse ;
Profitez du printems
De vos beaux ans ;
Donnez-vous à la tendresse.

PREMIERE ENTRÉE DE BALLET.

Danse des Egyptiens & des Egyptiennes.

UN EGYPTIEN.

Quand d'aimer on nous presse ;
A quoi songez-vous ?
Nos cœurs, dans la jeunesse,
N'ont vers la tendresse
Qu'un penchant trop doux.
L'amour a, pour nous prendre,
De si doux attraits,
Que, de soi, sans attendre,
On voudroit se rendre
A ses premiers traits ;
Mais tout ce qu'on écoute
Des vives douleurs
Et des pleurs qu'il nous coûte ;
Fait qu'on en redoute
Toutes les douceurs.

F 2

LE MALADE IMAGINAIRE,
(*à l'Egyptienne.*)
Il est doux, à votre âge,
D'aimer tendrement
Un Amant
Qui s'engage;
Mais, s'il est volage,
Hélas! Quel tourment!
L'EGYPTIENNE.
L'amant qui se dégage
N'est pas le malheur;
La douleur
Et la rage,
C'est que le volage
Garde notre cœur.
L'EGYPTIEN.
Quel parti faut-il prendre
Pour nos jeunes cœurs?
L'EGYPTIENNE.
Faut-il nous en défendre,
Et fuir ses douceurs?
L'EGYPTIEN.
Devons-nous nous y rendre
Malgré ses rigueurs?
TOUS DEUX ENSEMBLE.
Oui, suivons ses caprices,
Ses douces langueurs;
S'il a quelques supplices,
Il a cent délices
Qui charment les cœurs.

II. ENTRÉE DE BALLET.

Les Egyptiens & Egyptiennes dansent, & font sauter des singes qu'ils ont amenés avec eux.

Fin du second Intermede.

ACTE III.

SCENE PREMIERE.
BERALDE, ARGAN, TOINETTE.

BERALDE.

Hébien, mon frere, qu'en dites-vous ? Cela ne vaut-il pas bien une prise de caffé ?

TOINETTE.

Hom ! De bonne caffé est bonne.

BERALDE.

Oh-çà, voulez-vous que nous parlions un peu ensemble ?

ARGAN.

Un peu de patience, mon frere, je vais revenir.

TOINETTE.

Tenez, Monsieur, vous ne songez pas que vous ne sçauriez marcher sans bâton.

ARGAN.

Tu as raison.

SCENE II.
BERALDE, TOINETTE.

TOINETTE.

N'Abandonnez pas, s'il vous plaît, les intérêts de votre niece.

BERALDE.

J'employerai toutes choses pour lui obtenir ce qu'elle souhaite.

TOINETTE.

Il faut absolument empêcher ce mariage extravagant qu'il s'est mis dans la fantaisie ; & j'avois songé en moi-même, que c'auroit été une bonne affaire de pouvoir introduire ici un Médecin à notre poste, pour le dégoûter de son Monsieur Purgon, & lui décrier sa conduite. Mais, comme nous n'avons personne en main pour cela, j'ai résolu de jouer un tour de ma tête.

BERALDE.

Comment ?

TOINETTE.

C'est une imagination burlesque. Cela sera peut-être plus heureux que sage. Laissez-moi faire. Agissez de votre côté. Voici notre homme.

SCENE III.

ARGAN, BERALDE.

BERALDE.

Vous voulez bien, mon frere, que je vous demande, avant toute chose, de ne vous point échauffer l'esprit dans notre conversation.

ARGAN.

Voilà qui est fait.

BERALDE.

De répondre, sans nulle aigreur, aux choses que je pourrai vous dire.

ARGAN.

Oui.

BERALDE.

Et de raisonner ensemble sur les affaires dont nous avons à parler ; avec un esprit détaché de toute passion.

ARGAN.

Mon Dieu ! Oui. Voilà bien du préambule.

BERALDE.

D'où vient, mon frere, qu'ayant le bien que vous avez, & n'ayant d'enfans qu'une fille, car je ne compte pas la petite ; d'où vient, dis-je, que vous parlez de la mettre dans un couvent ?

ARGAN.

D'où vient, mon frere, que je suis Maître dans ma famille, pour faire ce que bon me semble ?

BERALDE.

Votre femme ne manque pas de vous conseiller de vous défaire ainsi de vos deux filles ; & je ne doute point que, par un esprit de charité, elle ne fût ravie de les voir toutes deux bonnes religieuses.

ARGAN.

Oh ça, nous y voici. Voilà d'abord la pauvre femme en jeu. C'est elle qui fait tout le mal, & tout le monde lui en veut.

BERALDE.

Non, mon frere, laissons-la là ; c'est une femme qui a les meilleures intentions du monde pour votre famille, & qui est détachée de toute sorte d'intérêt ; qui a pour vous une tendresse merveilleuse, & qui montre pour vos enfans une affection & une bonté qui n'est pas concevable, cela est certain. N'en parlons point, & revenons à votre fille. Sur quelle pensée, mon frere, la voulez-vous donner en mariage au fils d'un Médecin.

ARGAN.

Sur la pensée, mon frere, de me donner un gendre tel qu'il me faut ?

BERALDE.

Ce n'est point-là, mon frere, le fait de votre fille ; & il se presente un parti plus sortable pour elle.

ARGAN.

Oui ; mais celui-ci, mon frere, est plus sortable pour moi.

BERALDE.
Mais le mari qu'elle doit prendre, doit-il être, mon frere, ou pour elle, ou pour vous?

ARGAN.
Il doit être, mon frere, & pour elle, & pour moi; & je veux mettre dans ma famille les gens dont j'ai besoin.

BERALDE.
Par cette raison-là, si votre petite étoit grande, vous lui donneriez un Apothicaire.

ARGAN.
Pourquoi non?

BERALDE.
Est-il possible que vous serez toujours embéguiné de vos Apothicaires, & de vos Médecins; & que vous vouliez être malade en dépit des gens, & de la nature?

ARGAN.
Comment l'entendez-vous, mon frere?

BERALDE.
J'entends, mon frere, que je ne vois point d'homme qui soit moins malade que vous, & que je ne demanderois point une meilleure constitution que la vôtre. Une grande marque que vous vous portez bien, & que vous avez un corps parfaitement bien composé, c'est qu'avec tous les soins que vous avez pris, vous n'avez pu parvenir encore à gâter la bonté de votre tempérament, que vous n'êtes point crevé de toutes les médecines qu'on vous a fait prendre.

ARGAN.
Mais sçavez-vous, mon frere, que c'est cela qui me conserve; & que Monsieur Purgon dit que je succomberois, s'il étoit seulement trois jours sans prendre soin de moi?

BERALDE.
Si vous n'y prenez garde, il prendra tant de soin de vous, qu'il vous envoyera en l'autre monde.

ARGAN.

Mais raisonnons un peu, mon frere. Vous ne croyez donc point à la Médecine ?

BERALDE.

Non, mon frere ; & je ne vois pas que, pour son salut, il soit nécessaire d'y croire.

ARGAN.

Quoi ! Vous ne tenez pas véritable une chose établie par tout le monde, & que tous les siecles ont révérée ?

BERALDE.

Bien loin de la tenir véritable, je la trouve, entre nous, une des plus grandes folies qui soit parmi les hommes ; &, à regarder les choses en Philosophe, je ne vois point de plus plaisante mommerie, je ne vois rien de plus ridicule, qu'un homme qui se veut mêler d'en guérir un autre.

ARGAN.

Pourquoi ne voulez-vous pas, mon frere, qu'un homme en puisse guérir un autre.

BERALDE.

Par la raison, mon frere, que les ressorts de notre machine sont des mysteres, jusqu'ici, où les hommes ne voient goutte ; & que la nature nous a mis au-devant des yeux des voiles trop épais pour y connoître quelque chose.

ARGAN.

Les Médecins ne sçavent donc rien, à votre compte ?

BERALDE.

Si fait, mon frere, ils sçavent la plupart de fort belles humanités, sçavent parler en beau Latin, sçavent nommer en Grec toutes les maladies, les définir & les diviser ; mais, pour ce qui est de les guérir, c'est ce qu'ils ne sçavent point du tout.

ARGAN.

Mais toujours faut-il demeurer d'accord que, sur cette matiere, les Médecins en sçavent plus que les autres.

BERALDE.

Ils ſçavent, mon frere, ce que je vous ai dit, qui ne guérit pas de grand'choſe; & toute l'excellence de leur art conſiſte en un pompeux galimathias; en un ſpécieux babil, qui vous donne des mots pour des raiſons, & des promeſſes pour des effets.

ARGAN.

Mais enfin, mon frere, il y a des gens auſſi ſages & auſſi habiles que vous; & nous voyons que, dans la maladie, tout le monde a recours aux Médécins.

BERALDE.

C'eſt une marque de la foibleſſe humaine, & non pas de la vérité de leur art.

ARGAN.

Mais il faut bien que les Médecins croient leur art véritable, puiſqu'ils s'en ſervent pour eux-mêmes.

BERALDE.

C'eſt qu'il y en a parmi eux, qui ſont eux-mêmes dans l'erreur populaire, dont ils profitent, & d'autres qui en profitent ſans y être. Votre Monſieur Purgon, par exemple, n'y ſçait point de fineſſe; c'eſt un homme tout Médécin, depuis la tête juſqu'aux pieds; un homme qui croit à ſes regles, plus qu'à toutes les démonſtrations des Mathématiques, & qui croiroit du crime à les vouloir examiner; qui ne voit rien d'obſcur dans la Médecine, rien de douteux, rien de difficile; & qui, avec une impétuoſité de prévention, une roideur de confiance, une brutalité de ſens commun & de raiſon, donne au travers des purgations & des ſaignées, & ne balance aucune choſe. Il ne lui faut point vouloir de mal de tout ce qu'il pourra vous faire, c'eſt de la meilleure foi du monde, qu'il vous expédiera; & il ne fera, en vous tuant, que ce qu'il a fait à ſa femme & à ſes enfans, & ce qu'en un beſoin il feroit à lui-même.

ARGAN.

C'eſt que vous avez, mon frere, une dent de lait

contre lui. Mais enfin, venons au fait. Que faire donc, quand on est malade ?

BERALDE.

Rien, mon frere.

ARGAN.

Rien ?

BERALDE.

Rien. Il ne faut que demeurer en repos. La nature d'elle-même, quand nous la laissons faire, se tire doucement du désordre où elle est tombée. C'est notre inquiétude, c'est notre impatience qui gâte tout ; & presque tous les hommes meurent de leurs remedes, & non pas de leurs maladies.

ARGAN.

Mais il faut demeurer d'accord, mon frere, qu'on peut aider cette nature par de certaines choses.

BERALDE.

Mon Dieu ! Mon frere, ce sont pures idées, dont nous aimons à nous repaître ; &, de tout tems, il s'est glissé parmi les hommes de belles imaginations que nous venons à croire, parce qu'elles nous flattent, & qu'il seroit à souhaiter qu'elles fussent véritables. Lorsqu'un Médecin vous parle d'aider, de secourir, de soulager la nature, de lui ôter ce qui lui nuit, & lui donner ce qui lui manque, de la rétablir dans une pleine facilité de ses fonctions, lorsqu'il vous parle de rectifier le sang, de tempérer les entrailles & le cerveau, de dégonfler la rate, de raccommoder la poitrine, de réparer le foie, de fortifier le cœur, de rétablir & conserver la chaleur naturelle ; & d'avoir des secrets pour étendre la vie à de longues années, il vous dit justement le Roman de la Médecine. Mais, quand vous en venez à la vérité & à l'expérience, vous ne trouvez rien de tout cela ; & il en est comme des beaux songes, qui ne vous laissent au réveil que le déplaisir de les avoir crûs.

F 6

ARGAN.

C'est-à-dire, que toute la science du monde est renfermée dans votre tête; & vous voulez en sçavoir plus que tous les grands Médecins de notre siecle.

BERALDE.

Dans les discours, & dans les choses, ce sont deux sortes de personnes que vos grands Médecins. Entendez-les parler, les plus habiles gens du monde; voyez-les faire, les plus ignorans de tous les hommes.

ARGAN.

Ouais! Vous êtes un grand Docteur, à ce que je vois; & je voudrois bien qu'il y eût ici quelqu'un de ces Messieurs, pour rembarrer vos raisonnemens, & rabaisser votre caquet.

BERALDE.

Moi, mon frere, je ne prends point à tâche de combattre la Médecine; & chacun, à ses périls & fortune, peut croire tout ce qu'il lui plaît. Ce que j'en dis n'est qu'entre nous; & j'aurois souhaité de pouvoir un peu vous tirer de l'erreur où vous êtes, &, pour vous divertir, vous mener voir, sur ce chapitre, quelqu'une des Comédies de Moliere.

ARGAN.

C'est un bon impertinent que votre Moliere, avec ses Comédies; & je le trouve bien plaisant d'aller jouer d'honnêtes gens comme les Médecins.

BERALDE.

Ce ne sont point les Médecins qu'il joue, mais le ridicule de la Médecine.

ARGAN.

C'est bien à lui à faire de se mêler de contrôler la Médecine. Voilà un bon nigaud, un bon impertinent, de se moquer des consultations & des ordonnances, de s'attaquer au corps des Médecins, & d'aller mettre sur son Théatre des personnes vénérables, comme ces Messieurs-là.

COMEDIE.

BERALDE.

Que voulez-vous qu'il y mette, que les diverses professions des hommes ? On y met bien tous les jours les Princes & les Rois, qui sont d'aussi bonne maison que les Médecins.

ARGAN.

Par la mort-non-de-diable, si j'étois que des Médecins, je me vengerois de son impertinence ; &, quand il sera malade, je le laisserois mourir sans secours. Il auroit beau faire & beau dire, je ne lui ordonnerois pas la moindre petite saignée, le moindre petit lavement, & je lui dirois, creve, creve, cela t'apprendra une autre fois à te jouer à la Faculté.

BERALDE.

Vous voilà bien en colere contre lui.

ARGAN.

Oui ; c'est un mal avisé ; &, si les Médecins sont sages, ils feront ce que je dis.

BERALDE.

Il sera encore plus sage que vos Médecins, car il ne leur demandera point de secours.

ARGAN.

Tant pis pour lui, s'il n'a point recours aux remedes.

BERALDE.

Il a ses raisons pour n'en point vouloir, & il soutient que cela n'est permis qu'aux gens vigoureux & robustes, & qui ont des forces de reste pour porter les remedes avec la maladie ; mais que, pour lui, il n'a justement de la force que pour porter son mal.

ARGAN.

Les sottes raisons que voilà ! Tenez, mon frere, ne parlons point de cet homme-là davantage ; car cela m'échauffe la bile, & vous me donneriez mon mal.

BERALDE.

Je le veux bien, mon frere ; &, pour changer de discours, je vous dirai que, sur une petite répugnance que vous témoigne votre fille, vous ne devez point prendre les résolutions violentes de la mettre dans un couvent; que pour le choix d'un gendre, il ne vous faut pas suivre aveuglément la passion qui vous emporte; & qu'on doit, sur cette matiere, s'accommoder un peu à l'inclination d'une fille, puisque c'est pour toute la vie, & que delà dépend tout le bonheur d'un mariage.

SCENE IV.

MONSIEUR FLEURANT *une seringue à la main*, ARGAN, BERALDE.

ARGAN.

AH ! mon frere, avec votre permission.
BERALDE.
Comment ? Que voulez-vous faire ?
ARGAN.
Prendre ce petit lavement-là, ce sera bientôt fait.
BERALDE.
Vous vous moquez. Est-ce que vous ne sçauriez être un moment sans lavement ou sans médecine ? Remettez cela à une autre fois, & demeurez un peu en repos.
ARGAN.
Monsieur Fleurant, à ce soir, ou à demain matin.
M. FLEURANT *à Beralde*.
De quoi vous mêlez-vous de vous opposer aux ordonnances de la Médecine, & d'empêcher Monsieur de prendre mon clystere ? Vous êtes bien plaisant d'avoir cette hardiesse-là ?
BERALDE.
Allez, Monsieur, on voit bien que vous n'avez pas accoutumé de parler à des visages.

COMEDIE.
M. FLEURANT.

On ne doit point ainſi ſe jouer des remedes, & me faire perdre mon tems. Je ne ſuis venu ici que ſur une bonne ordonnance, & je vais dire à Monſieur Purgon comme on m'a empêché d'exécuter ſes ordres, & de faire ma fonction. Vous verrez, vous verrez...

SCENE V.
ARGAN, BERALDE.

ARGAN.

Mon frere, vous ſerez cauſe ici de quelque malheur.

BERALDE.

Le grand malheur de ne pas prendre un lavement que Monſieur Purgon a ordonné ! Encore un coup, mon frere, eſt-il poſſible qu'il n'y ait pas moyen de vous guérir de la maladie des Médecins, & que vous vouliez être toute votre vie enſéveli dans leurs remedes ?

ARGAN.

Mon Dieu, mon frere, vous en parlez comme un homme qui ſe porte bien ; mais ſi vous étiez à ma place, vous changeriez bien de langage. Il eſt aiſé de parler contre la Médecine, quand on eſt en pleine ſanté.

BERALDE.

Mais quel mal avez-vous ?

ARGAN.

Vous me feriez enrager. Je voudrois que vous l'euſſiez, mon mal, pour voir ſi vous jaſeriez tant. Ah, voici Monſieur Purgon.

SCENE VI.

MONSIEUR PURGON, ARGAN, BERALDE, TOINETTE.

M. PURGON.

JE viens d'apprendre là-bas à la porte de jolies nouvelles, qu'on se moque ici de mes ordonnances, & qu'on a fait refus de prendre le remede que j'avois prescrit.

ARGAN.
Monsieur, ce n'est pas...

M. PURGON.
Voilà une hardiesse bien grande, une étrange rebellion d'un malade contre son Médecin.

TOINETTE.
Cela est épouvantable.

M. PURGON.
Un clystere que j'avois pris plaisir à composer moi-même.

ARGAN.
Ce n'est pas moi...

M. PURGON.
Inventé, & formé dans toutes les regles de l'art.

TOINETTE.
Il a tort.

M. PURGON.
Et qui devoit faire dans des entrailles un effet merveilleux.

ARGAN.
Mon frere?

M. PURGON.
Le renvoyer avec mépris!

ARGAN *montrant Béralde*.
C'est lui...

COMEDIE.

M. PURGON.
C'est une action exorbitante.

TOINETTE.
Cela est vrai.

M. PURGON.
Un attentat énorme contre la Médecine.

ARGAN *montrant Béralde.*
Il est cause...

M. PURGON.
Un crime de leze-faculté, qui ne se peut assez punir.

TOINETTE.
Vous avez raison.

M. PURGON.
Je vous déclare que je romps commerce avec vous.

ARGAN.
C'est mon frere...

M. PURGON.
Que je ne veux plus d'alliance avec vous.

TOINETTE.
Vous ferez bien.

M. PURGON.
Et que, pour finir toute liaison avec vous, voilà la donation que je faisois à mon neveu, en faveur du mariage.

ARGAN.
C'est mon frere qui a fait tout le mal.

M. PURGON.
Méprifer mon clystere !

ARGAN.
Faites-le venir, je m'en vais le prendre.

M. PURGON.
Je vous aurois tiré d'affaire avant qu'il fût peu.

TOINETTE.
Il ne le mérite pas.

M. PURGON.
J'allois nettoyer votre corps, & en évacuer entiérement les mauvaises humeurs.

ARGAN.

Ah, mon frere !

M. PURGON.

Et je ne voulois plus qu'une douzaine de médecines pour vuider le fond du sac.

TOINETTE.

Il est indigne de vos soins.

M. PURGON.

Mais puisque vous n'avez pas voulu guérir par mes mains.

ARGAN.

Ce n'est pas faute.

M. PURGON.

Puisque vous vous êtes souftrait de l'obéissance que l'on doit à son Médecin.

TOINETTE.

Cela crie vengeance.

M. PURGON.

Puisque vous vous êtes déclaré rebelle aux remedes que je vous ordonnois.

ARGAN.

Hé point du tout.

M. PURGON.

J'ai à vous dire que je vous abandonne à votre mauvaise constitution, à l'intempérie de vos entrailles, à la corruption de votre sang, à l'âcreté de votre bile, & à la féculence de vos humeurs.

TOINETTE.

C'est fort bien fait.

ARGAN.

Mon Dieu !

M. PURGON.

Et je veux qu'avant qu'il soit quatre jours vous deveniez dans un état incurable.

ARGAN.

Ah, Miséricorde.

M. PURGON.

Que vous tombiez dans la bradipepsie;

COMEDIE.

ARGAN.

Monsieur Purgon.

M. PURGON.

De la bradipepsie dans la dispepsie.

ARGAN.

Monsieur Purgon.

M. PURGON.

De la dispepsie dans l'apepsie.

ARGAN.

Monsieur Purgon.

M. PURGON.

De l'apepsie dans la lienterie.

ARGAN.

Monsieur Purgon.

M. PURGON.

De la lienterie dans la dyssenterie.

ARGAN.

Monsieur Purgon.

M. PURGON.

De la dyssenterie dans l'hydropisie.

ARGAN.

Monsieur Purgon.

M. PURGON.

De l'hydropisie dans la privation de la vie, où vous aura conduit votre folie.

SCENE VII.

ARGAN, BERALDE.

ARGAN.

AH ! mon Dieu ! Je suis mort. Mon frere, vous m'avez perdu.

BERALDE.

Quoi ? qu'y a-t-il ?

ARGAN.

Je n'en puis plus. Je sens déjà que la Médecine se venge.

BERALDE.

Ma foi, mon frere, vous êtes fou; & je ne voudrois pas, pour beaucoup de choses qu'on vous vît faire ce que vous faites. Tâtez-vous un peu, je vous prie, revenez à vous-même, & ne donnez point tant à votre imagination.

ARGAN.

Vous voyez, mon frere, les étranges maladies dont il m'a menacé.

BERALDE.

Le simple homme que vous êtes !

ARGAN.

Il dit que je deviendrai incurable avant qu'il soit quatre jours.

BERALDE.

Et ce qu'il dit, que fait-il à la chose ? Est-ce un oracle qui a parlé ? Il semble, à vous entendre, que Monsieur Purgon tienne dans ses mains le filet de vos jours; & que, d'autorité suprême, il vous l'allonge, & vous le racourcisse comme il lui plaît. Songez que les principes de votre vie sont en vous-même, & que le courroux de Monsieur Purgon est aussi peu capable de vous faire mourir, que ses remedes de vous faire vivre. Voici une aventure, si vous voulez, à vous défaire des Médecins; ou, si vous êtes né à ne pouvoir vous en passer, il est aisé d'en avoir un autre, avec lequel, mon frere, vous puissiez courir un peu moins de risque.

ARGAN.

Ah ! mon frere, il sçait tout mon tempérament, & la maniere dont il faut me gouverner.

BERALDE.

Il faut vous avouer que vous êtes un homme d'une grande prévention, & que vous voyez les choses avec d'étranges yeux.

SCENE VIII.
ARGAN, BERALDE, TOINETTE.

TOINETTE à *Argan*.

Monsieur, voilà un Médecin qui demande à vous voir.

ARGAN.
Et quel Médecin ?

TOINETTE.
Un Médecin de la Médecine.

ARGAN.
Je te demande qui il est ?

TOINETTE.
Je ne le connois pas, il me ressemble comme deux gouttes d'eau ; &, si je n'étois sûre que ma mere étoit honnête-femme, je dirois que ce seroit quelque petit frere qu'elle m'auroit donné depuis le trépas de mon pere.

ARGAN.
Fais-le venir.

SCENE XI.
ARGAN, BERALDE.

BERALDE.

Vous êtes servi à souhait. Un Médecin vous quitte, autre se presente.

ARGAN.
J'ai bien peur que vous ne soyez cause de quelque malheur.

142 LE MALADE IMAGINAIRE,

BERALDE.

Encore? vous en revenez toujours-là.

ARGAN.

Voyez-vous, j'ai sur le cœur toutes ces maladies-là que je ne connois point, ces....

SCENE X.

ARGAN, BERALDE, TOINETTE
en Médecin.

TOINETTE.

Monsieur, agréez que je vienne vous rendre visite, & vous offrir mes petits services pour toutes les saignées & les purgations dont vous aurez besoin.

ARGAN.
(à Beralde.)

Monsieur, je vous suis fort obligé. Par ma foi, voilà Toinette elle-même.

TOINETTE.

Monsieur, je vous prie de m'excuser, j'ai oublié de donner une commission à mon valet; je reviens tout-à-l'heure.

SCENE XI.

ARGAN, BERALDE.

ARGAN.

Hé! ne diriez-vous pas que c'est effectivement Toinette?

BERALDE.

Il est vrai que la ressemblance est tout-à-fait grande;

mais ce n'est pas la premiere fois qu'on a vu de ces sortes de choses, & les histoires ne sont pleines que de ces jeux de la nature.

ARGAN.

Pour moi, j'en suis surpris; &.....

SCENE XII.

ARGAN, BERALDE, TOINETTE.

TOINETTE.

Que voulez-vous, Monsieur?

ARGAN.

Comment?

TOINETTE.

Ne m'avez-vous pas appellée?

ARGAN.

Moi! non.

TOINETTE.

Il faut donc que les oreilles m'aient corné.

ARGAN.

Demeure un peu ici pour voir comme ce Médecin te ressemble.

TOINETTE.

Oui, vraiment. J'ai affaire là-bas; & je l'ai assez vu.

SCENE XIII.

ARGAN, BERALDE.

ARGAN.

Si je ne les voyois tous deux, je croirois que ce n'est qu'un.

BERALDE.

J'ai lu des choses surprenantes de ces sortes de ressemblances ; & nous en avons vu de notre tems, où tout le monde s'est trompé.

ARGAN.

Pour moi j'aurois été trompé à celle-là ; & j'aurois juré que c'est la même personne.

SCENE XIV.

ARGAN, BERALDE, TOINETTE en Médecin.

TOINETTE.

Monsieur, je vous demande pardon de tout mon cœur.

ARGAN bas à Béralde.

Cela est admirable.

TOINETTE.

Vous ne trouverez pas mauvais, s'il vous plaît, la curiosité que j'ai eue de voir un illustre malade comme vous êtes ; & votre réputation qui s'étend partout, peut excuser la liberté que j'ai prise.

ARGAN.

Monsieur, je suis votre serviteur.

TOINETTE.

Je vois, Monsieur, que vous me regardez fixement. Quel âge croyez-vous bien que j'aie ?

ARGAN.

Je crois que tout au plus vous pouvez avoir vingt-six ou vingt-sept ans.

TOINETTE.

Ah, ah, ah, ah ! j'en ai quatre-vingt-dix.

ARGAN.

Quatre vingt-dix.

TOINETTE.

Oui. Vous voyez un effet des secrets de mon Art, de me conserver ainsi frais & vigoureux.

ARGAN.

COMEDIE.

ARGAN.

Par ma foi, voilà un beau jeune vieillard pour quatre-vingt-dix ans.

TOINETTE.

Je suis Médecin paffager qui va de Ville en Ville, de Province en Province, de Royaume en Royaume, pour chercher d'illuftres matieres à ma capacité, pour trouver des malades dignes de m'occuper, capables d'exercer les grands & beaux fecrets que j'ai trouvés dans la Médecine. Je dédaigne de m'amufer à ce menu fatras de maladies ordinaires, à ces bagatelles de rhumatifmes & de fluxions, à ces fiévrotes, à ces vapeurs, & à ces migraines. Je veux des maladies d'importance, de bonnes fiévres continues, avec des tranfports au cerveau, de bonnes fiévres pourprées, de bonnes peftes, de bonnes hydropifies formées, de bonnes pleuréfies avec des inflammations de poitrine, c'eft-là que je me plais, c'eft-là que je triomphe ; & je voudrois, Monfieur, que vous euffiez toutes les maladies que je viens de dire, que vous fuffiez abandonné de tous les Médecins, défefpéré, à l'agonie, pour vous montrer l'excellence de mes remedes, & l'envie que j'aurois de vous rendre fervice.

ARGAN.

Je vous fuis obligé, Monfieur, des bontés que vous avez pour moi.

TOINETTE.

Donnez-moi votre pouls. Allons donc, que l'on batte comme il faut. Ah ! Je vous ferai bien aller comme vous devez. Ouais ! Ce pouls-là fait l'impertinent ; je vois bien que vous ne me connoiffez pas encore. Qui eft votre Médecin ?

ARGAN.

Monfieur Purgon.

TOINETTE.

Cet homme-là n'eft point écrit fur mes tablettes entre les grands Médecins. De quoi, dit-il, que vous êtes malade ?

Tome VIII.   G

ARGAN.

Il dit que c'est du foie, & d'autres disent que c'est de la rate.

TOINETTE.

Ce sont tous des ignorans, c'est du poumon que vous êtes malade.

ARGAN.

Du poumon !

TOINETTE.

Oui. Que sentez-vous ?

ARGAN.

Je sens, de tems en tems, des douleurs de tête.

TOINETTE.

Justement, le poumon.

ARGAN.

Il me semble parfois que j'ai un voile devant les yeux.

TOINETTE.

Le poumon.

ARGAN.

J'ai quelquefois des maux de cœur.

TOINETTE.

Le poumon.

ARGAN.

Je sens parfois des lassitudes par tous les membres.

TOINETTE.

Le poumon.

ARGAN.

Et quelquefois il me prend des douleurs dans le ventre, comme si c'étoit des coliques.

TOINETTE.

Le poumon. Vous avez appétit à ce que vous mangez ?

ARGAN.

Oui, Monsieur.

TOINETTE.

Le poumon. Vous aimez à boire un peu de vin ?

ARGAN.

Oui, Monsieur.

COMEDIE.

TOINETTE.

Le poumon. Il vous prend un petit sommeil après le repas, & vous êtes bien aise de dormir?

ARGAN.

Oui, Monsieur.

TOINETTE.

Le poumon, le poumon, vous dis-je. Que vous ordonne votre Médecin pour votre nourriture?

ARGAN.

Il m'ordonne du potage.

TOINETTE.

Ignorant.

ARGAN.

De la volaille.

TOINETTE.

Ignorant.

ARGAN.

Du veau.

TOINETTE.

Ignorant.

ARGAN.

Des bouillons.

TOINETTE.

Ignorant.

ARGAN.

Des œufs frais.

TOINETTE.

Ignorant.

ARGAN.

Et le soir de petits pruneaux pour lâcher le ventre.

TOINETTB.

Ignorant.

ARGAN.

Et sur-tout de boire mon vin fort trempé.

TOINETTE.

Ignorantus, ingnoranta, ignorantum. Il faut boire votre vin pur ; & pour épaissir votre sang qui est trop subtil, il faut manger de bon gros bœuf, de bon

G 2

gros porc, de bon fromage de Hollande, du gruau & du ris, & des marons & des oublies, pour coller & conglutiner. Votre Médecin est une bête. Je veux vous en envoyer un de ma main, & je viendrai vous voir de tems en tems, tandis que je serai en cette ville.

ARGAN.

Vous m'obligerez beaucoup.

TOINETTE.

Que diantre faites-vous de ce bras-là?

ARGAN.

Comment?

TOINETTE.

Voilà un bras que je me ferois couper tout-à-l'heure, si j'étois que de vous.

ARGAN.

Et pourquoi?

TOINETTE.

Ne voyez-vous pas qu'il tire à soi toute la nourriture, & qu'il empêche ce côté-là de profiter.

ARGAN.

Oui; mais j'ai besoin de mon bras.

TOINETTE.

Vous avez-là aussi un œil droit que je me ferois crever, si j'étois en votre place.

ARGAN.

Crever un œil?

TOINETTE.

Ne voyez-vous pas qu'il incommode l'autre, & lui dérobe sa nourriture? Croyez-moi, faites-vous-le crever au plutôt, vous en verrez plus clair de l'œil gauche.

ARGAN.

Cela n'est pas pressé.

TOINETTE.

Adieu. Je suis fâché de vous quitter si-tôt; mais il faut que je me trouve à une grande consultation qui se doit faire pour un homme qui mourut hier.

COMEDIE. 149

ARGAN.
Pour un homme qui mourut hier.

TOINETTE.
Oui, pour aviser, & voir ce qu'il auroit fallu lui faire pour le guérir. Jusqu'au revoir.

ARGAN.
Vous sçavez que les malades ne reconduisent point.

SCENE XV.
ARGAN, BERALDE.

BERALDE.
Voilà un Médecin, vraiment, qui paroît fort habile.

ARGAN.
Oui ; mais il va un peu bien vîte.

BERALDE.
Tous les grands Médecins sont comme cela.

ARGAN.
Me couper un bras, & me crever un œil, afin que l'autre se porte mieux ! J'aime bien mieux qu'il ne se porte pas si bien. La belle opération, de me rendre borgne & manchot.

SCENE XVI.
ARGAN, BERALDE, TOINETTE.

TOINETTE *feignant de parler à quelqu'un.*

Allons, allons, je suis votre servante. Je n'ai pas envie de rire.

ARGAN.
Qu'est-ce que c'est ?

G 3

TOINETTE.

Votre Médecin, ma foi, qui vouloit me tâter le pouls.

ARGAN.

Voyez un peu, à l'âge de quatre-vingt-dix ans.

BERALDE.

Oh çà, mon frere, puisque voilà votre Monsieur Purgon brouillé avec vous, ne voulez-vous pas que je vous parle du parti qui s'offre pour ma niece ?

ARGAN.

Non, mon frere, je veux la mettre dans un couvent, puisqu'elle s'est opposée à mes volontés. Je vois bien qu'il y a quelque amourette là-dessous ; & j'ai découvert certaine entrevue secrette, qu'on ne sçait pas que j'aie découverte.

BERALDE.

Hé bien, mon frere, quand il y auroit quelque petite inclination, cela seroit-il si criminel ; & rien peut-il vous offenser, quand tout ne va qu'à des choses honnêtes, comme le mariage ?

ARGAN.

Quoi qu'il en soit, mon frere, elle sera religieuse, c'est une chose résolue.

BERALDE.

Vous voulez faire plaisir à quelqu'un.

ARGAN.

Je vous entends. Vous en revenez toujours-là, & ma femme vous tient au cœur.

BERALDE.

Hé bien, oui, mon frere, puisqu'il faut parler à cœur ouvert, c'est votre femme que je veux dire ; &, non plus que l'entêtement de la Médecine, je ne puis vous souffrir l'entêtement où vous êtes pour elle ; & voir que vous donniez, tête baissée, dans tous les piéges qu'elle vous tend.

TOINETTE.

Ah ! Monsieur, ne parlez point de Madame, c'est une femme sur laquelle il n'y a rien à dire ; une

COMÉDIE. 151

femme sans artifice, & qui aime Monsieur, qui l'aime.... On ne peut pas dire cela.

ARGAN.
Demandez-lui un peu les caresses qu'elle me fait.

TOINETTE.
Cela est vrai.

ARGAN.
L'inquiétude que lui donne ma maladie.

TOINETTE.
Assurément.

ARGAN.
Et les soins, & les peines qu'elle prend autour de moi.

TOINETTE.
(à Béralde.)
Il est certain. Voulez-vous que je vous convainque, & vous fasse voir, tout-à-l'heure, comme Madame
(à Argan.)
aime Monsieur ? Monsieur, souffrez que je lui montre son béjaune, & le tire d'erreur.

ARGAN.
Comment ?

TOINETTE.
Madame s'en va revenir. Mettez-vous tout étendu dans cette chaise, & contrefaites le mort. Vous verrez la douleur où elle sera, quand je lui dirai la nouvelle.

ARGAN.
Je le veux bien.

TOINETTE.
Oui ; mais ne la laissez pas long-tems dans le désespoir, car elle en pourroit bien mourir.

ARGAN.
Laisse-moi faire.

TOINETTE *à Béralde.*
Cachez-vous, vous, dans ce coin-là.

SCENE XVII.
ARGAN, TOINETTE.
ARGAN.

N'Y a-t-il point quelque danger à contrefaire le mort ?

TOINETTE.

Non, non. Quel danger y auroit-il ? Etendez-vous là seulement. Il y aura plaisir à confondre votre frere. Voici Madame. Tenez-vous bien.

SCENE XVIII.
BELINE, ARGAN *étendu dans sa chaise*, TOINETTE.
TOINETTE *feignant de ne pas voir Béline.*

AH, mon Dieu ! Ah, malheur ! Quel étrange accident !

BELINE.
Qu'est-ce, Toinette ?
TOINETTE.
Ah ! Madame.
BELINE.
Qu'y a-t-il ?
TOINETTE.
Votre mari est mort.
BELINE.
Mon mari est mort ?
TOINETTE.
Hélas ! Oui. Le pauvre défunt est trépassé.
BELINE.
Assurément ?

COMEDIE. 153
TOINETTE.

Assurément. Personne ne sçait encore cet accident-là ; & je me suis trouvée ici toute seule. Il vient de passer entre mes bras. Tenez, le voilà tout de son long dans cette chaise.

BELINE.

Le Ciel en soit loué. Me voilà délivrée d'un grand fardeau. Que tu es sotte, Toinette, de t'affliger de cette mort !

TOINETTE.

Je pensois, Madame, qu'il fallût pleurer.

BELINE.

Va, va, cela n'en vaut pas la peine. Quelle perte est-ce que la sienne, & de quoi servoit-il sur la terre ? Un homme incommode à tout le monde ; mal propre, dégoûtant, sans cesse un lavement, ou une médecine dans le ventre, mouchant, toussant, crachant toujours, sans esprit, ennuyeux, de mauvaise humeur, fatigant sans cesse les gens & grondant jour & nuit servantes & valets.

TOINETTE.

Voilà une belle oraison funèbre.

BELINE.

Il faut, Toinette, que tu m'aides à exécuter mon dessein ; & tu peux croire qu'en me servant, ta récompense est sûre. Puisque, par un bonheur, personne n'est encore averti de la chose, portons-le dans son lit, & tenons cette mort cachée, jusqu'à ce que j'aie fait mon affaire. Il y a des papiers, il y a de l'argent, dont je me veux saisir ; & il n'est pas juste que j'aie passé, sans fruit auprès de lui, mes plus belles années. Viens, Toinette, prenons auparavant toutes ses clefs.

ARGAN *se levant brusquement.*
Doucement.

BELINE.
Ahi !

LE MALADE IMAGINAIRE,

ARGAN.

Oui, Madame ma femme, c'est ainsi que vous m'aimez ?

TOINETTE.

Ah, ah ! Le défunt n'est pas mort.

ARGAN *à Béline qui sort.*

Je suis bien-aise de voir votre amitié, & d'avoir entendu le beau panégyrique que vous avez fait de moi. Voilà un avis au Lecteur, qui me rendra sage à l'avenir, & qui m'empêchera de faire bien des choses.

SCENE XIX.

BERALDE *sortant de l'endroit où il s'étoit caché*, ARGAN, TOINETTE.

BERALDE.

HÉ bien, mon frere, vous le voyez.

TOINETTE.

Par ma foi, je n'aurois jamais cru cela ; mais j'entends votre fille, remettez-vous comme vous étiez, & voyons de quelle maniere elle recevra votre mort. C'est une chose qu'il n'est pas mauvais d'éprouver ; &, puisque vous êtes en train, vous connoîtrez par-là les sentimens que votre famille a pour vous.

(*Béralde va encore se cacher.*)

SCENE XX.

ARGAN, ANGELIQUE, TOINETTE.

TOINETTE *feignant de ne pas voir Angélique.*

O Ciel ! Ah, fâcheuse aventure ! Malheureuse journée !

ANGELIQUE.

Qu'as-tu, Toinette, & de quoi pleures-tu ?

TOINETTE.

Hélas ! J'ai de tristes nouvelles à vous donner.

ANGELIQUE.

Hé quoi ?

TOINETTE.

Votre pere est mort.

ANGELIQUE.

Mon pere est mort, Toinette ?

TOINETTE.

Oui. Vous le voyez-là ; il vient de mourir tout-à-l'heure d'une foiblesse qu'il lui a pris.

ANGELIQUE.

O Ciel ! Quelle infortune ! Quelle atteinte cruelle ! Hélas ! Faut-il que je perde mon pere, la seule chose qui me restoit au monde ; & qu'encore, pour surcroît de désespoir, je le perde dans un moment où il étoit irrité contre moi ! Que deviendrai-je, malheureuse, & quelle consolation trouver après une si grande perte ?

SCENE XXI.

ARGAN, ANGELIQUE, CLEANTE, TOINETTE.

CLÉANTE.

Qu'avez-vous donc, belle Angélique, & quel malheur pleurez-vous ?

ANGELIQUE.

Hélas ! Je pleure tout ce que dans la vie je pouvois perdre de plus cher & de plus précieux. Je pleure la mort de mon pere.

CLÉANTE.

O Ciel ! Quel accident ! Quel coup inopiné ! Hélas ! Après la demande que j'avois conjuré votre oncle de lui faire pour moi, je venois me presenter à lui ; & tâcher par mes respects & par mes prieres, de disposer son cœur à vous accorder à mes vœux.

ANGELIQUE.

Ah ! Cléante, ne parlons plus de rien. Laissons-là toutes les pensées du mariage. Après la perte de mon pere, je ne veux plus être du monde, & j'y renonce pour jamais. Oui, mon pere, si j'ai résisté tantôt à vos volontés, je veux suivre du moins une de vos intentions, & réparer par-là le chagrin que je m'ac-
(se jettant à ses genoux.)
cuse de vous avoir donné. Souffrez, mon pere, que je vous en donne ici ma parole, & que je vous embrasse, pour vous témoigner mon ressentiment.

ARGAN *embrassant Angélique.*

Ah ! Ma fille.

ANGELIQUE.

Ah !

COMEDIE. 157
ARGAN.
Viens. N'aie point de peur, je ne suis pas mort. Va, tu es mon vrai sang, ma véritable fille, & je suis ravi d'avoir vu ton bon naturel.

SCENE XXII.
ARGAN, BERALDE, ANGELIQUE, CLÉANTE, TOINETTE.

ANGELIQUE.
AH! Quelle surprise agréable! Mon pere, puisque par un bonheur extrême, le Ciel vous redonne à mes vœux, souffrez qu'ici je me jette à vos pieds pour vous supplier d'une chose. Si vous n'êtes pas favorable au penchant de mon cœur, si vous me refusez Cléante pour époux, je vous conjure, au moins, de ne me point forcer d'en épouser un autre. C'est toute la grace que je vous demande.

CLÉANTE *se jettant aux genoux d'Argan.*
Hé! Monsieur, laissez-vous toucher à ses prieres & aux miennes; & ne vous montrez point contraire aux mutuels empressemens d'une si belle inclination.

BERALDE.
Mon frere, pouvez-vous tenir là-contre?

TOINETTE.
Monsieur, serez-vous insensible à tant d'amour?

ARGAN.
Qu'il se fasse Médecin, je consens au mariage.
(à Cléante.)
Oui, faites-vous Médecin, je vous donne ma fille.

CLÉANTE.
Très-volontiers, Monsieur. S'il ne tient qu'à cela pour être votre gendre; je me ferai Médecin, Apothicaire même, si vous voulez. Ce n'est pas une affaire que cela, & je ferois bien d'autres choses pour obtenir la belle Angélique.

BERALDE.

Mais, mon frere, il me vient une penſée. Faites-vous Médecin vous-même. La commodité ſera encore plus grande, d'avoir en vous tout ce qu'il vous faut.

TOINETTE.

Cela eſt vrai. Voilà le vrai moyen de vous guérir bientôt ; & il n'y a point de maladie ſi oſée, que de ſe jouer à la perſonne d'un Médecin.

ARGAN.

Je penſe, mon frere, que vous vous moquez de moi. Eſt-ce que je ſuis en âge d'étudier ?

BERALDE.

Bon ! Etudier. Vous êtes aſſez ſçavant, & il y en a beaucoup parmi eux, qui ne ſont pas plus habiles que vous.

ARGAN.

Mais il faut ſçavoir bien parler Latin, connoître les maladies, & les remedes qu'il y faut faire.

BERALDE.

En recevant la robe & le bonnet de Médecin, vous apprendrez tout cela ; & vous ſerez après plus habile que vous ne voudrez.

ARGAN.

Quoi ! L'on ſçait diſcourir ſur les maladies, quand on a cet habit-là ?

BERALDE.

Oui. L'on n'a qu'à parler avec une robe, & un bonnet, tout galimathias devient ſçavant ; & toute ſottiſe devient raiſon.

TOINETTE.

Tenez, Monſieur, quand il n'y auroit que votre barbe, c'eſt déjà beaucoup, & la barbe fait plus de la moitié d'un Médecin.

ARGAN.

En tout cas, je ſuis prêt à tout.

BERALDE à *Argan*.

Voulez-vous que l'affaire ſe faſſe tout-à-l'heure ?

COMEDIE. 159

ARGAN.

Comment, tout-à-l'heure ?

BERALDE.

Oui, dans votre maison.

ARGAN.

Dans ma maison ?

BERALDE.

Oui. Je connois une Faculté de mes amies, qui viendra tout-à-l'heure en faire la cérémonie dans votre salle. Cela vous coûtera rien.

ARGAN.

Mais, moi, que dire, que répondre ?

BERALDE.

On vous instruira en deux mots, & l'on vous donnera par écrit ce que vous devez dire. Allez-vous-en vous mettre en habit décent, je vais les envoyer querir.

ARGAN.

Allons, voyons cela.

SCENE DERNIERE.

BERALDE, ANGELIQUE, CLEANTE, TOINETTE.

CLEANTE.

Que voulez-vous dire, & qu'entendez-vous avec cette Faculté de vos amies ?

TOINETTE.

Quel est donc votre dessein ?

BERALDE.

De nous divertir un peu ce soir. Les Comédiens ont fait un petit Intermede de la réception d'un Médecin, avec des danses & de la musique : je veux que nous en prenions ensemble le divertissement, & que mon frere y fasse le premier personnage.

ANGELIQUE.

Mais, mon oncle, il semble que vous vous jouez un peu beaucoup de mon pere.

BERALDE.

Mais, ma niece, ce n'est pas tant le jouer, que s'accommoder à ses fantaisies. Tout ceci n'est qu'entre nous. Nous y pouvons aussi prendre chacun un personnage, & nous donner ainsi la Comédie les uns aux autres. Le Carnaval autorise cela. Allons vîte préparer toutes choses.

CLEANTE *à Angélique.*

Y consentez-vous ?

ANGELIQUE.

Oui, puisque mon oncle nous conduit.

Fin du troisieme Acte.

III. INTERMEDE.

PREMIERE ENTRÉE DE BALLET.

Des Tapissiers viennent, en dansant, préparer la Salle, & placer les bancs en cadence.

II. ENTRÉE DE BALLET.

Marche de la Faculté de Médecine, au son des instrumens.

Les Porte-seringues representans les Massiers, entrent les premiers. Après eux, viennent, deux à deux, les Apothicaires, avec des mortiers, les Chirurgiens & les Docteurs, qui vont se placer aux deux côtés du Théatre. Le Président monte dans une Chaire, qui est au milieu; & Argan qui doit être reçu Docteur, se place dans une chaire plus petite, qui est au-devant de celle du Président.

LE PRÉSIDENT.

S Avantissimi doctores,
Medicinæ professores,
Qui hîc assemblati estis.
Et vos altri Messiores,
Sententiarum facultatis
Fideles executores,
Chirurgiani & apothicari,
Atque tota compagnia aussi
Salus honor, & argentum,
Atque bonum appetitum.
Non possum, docti confreri,
En moi satis admirari,
Qualis bona inventio,

Est medici professio ;
Quam bella chosa est & bene trovata,
Medicina illa benedicta,
Quæ, suo nomine solo,
Surprenanti miraculo,
Depuis si longo tempore,
Facit à gogo vivere
Tant de gens omni genere.

Per totam terram videmus
Grandam vogam ubi sumus ;
Et quod grandes & petiti
Sunt de nobis infatuti.
Totus mundus currens ad nostros remedios,
Nos regardat sicut Deos ;
Et nostris ordonanciis,
Principes & Reges soumissos videtis.

Donque il est nostræ sapientiæ,
Boni sensus atque prudentiæ,
De fortement travaillare,
A nos bene conservare
In tali credito, vogâ, & honore ;
Et prendere gardam à non recevere,
In nostro docto corpore,
Quam personas capabiles,
Et totas dignas remplire
Has plaças honorabiles.

C'est pour cela que nunc convocati estis ;
Et credo quod trovabitis
Dignam materiam medici,
In savanti homine que voici ;
Lequel, in chosis omnibus,
Dono ad interrogandum,
Et à fond examinandum,
Vestris capacitatibus.

PREMIER DOCTEUR.

Si mihi licentiam dat Dominus præses,

Et tanti docti doctores,
Et assistantes illustres,
Très savanti bacheliero
Quem estimo & honoro,
Domandabo causam & rationem, quare
Opium facit dormire.

ARGAN.

Mihi à docto doctore.
Domandatur causam & rationem, quare
Opium facit dormire.
A quoi respondeo,
Quia est in eo
Virtus dormitiva,
Cujus est natura
Sensus assoupire.

CHŒUR.

Benè, benè, benè, benè respondere,
Dignus, dignus est intrare
In nostro docto corpore.
Benè, benè, respondere.

SECOND DOCTEUR.

Cum permissione domini præsidis,
Doctissimæ Facultatis,
Et totius his nostris actis
Companiæ assistantis,
Domandabo tibi docte Bacheliere,
Quæ sunt remedia,
Quæ in maladiâ
Ditte hydropisia
Convenit facere?

ARGAN.

Clysterium donare,
Posteà seignare,
Ensuita purgare.

CHŒUR.

Benè, benè, benè, benè respondere;
Dignus, dignus est intrare
In nostro docto corpore.

TROISIEME DOCTEUR.

Si bonum semblatur domino præsidi,
Doctissimæ Facultati,
Et compagniæ præsenti,
Domandabo tibi, docte Bacheliere,
Quæ remedia heticis,
Pulmonicis atque asmaticis
Trovas à propos facere.

ARGAN.

Clysterium donare,
Posteà seignare,
Ensuita purgare.

CHŒUR.

Benè, benè, benè, benè respondere;
Dignus, dignus est intrare
In nostro docto corpore.

QUATRIEME DOCTEUR.

Super illas maladias,
Doctus bachelierus dixit maravillas,
Mais si non ennuyo dominum Præsidem,
Doctissimam Facultatem,
Et totam honorabilem
Companiam ecoutantem;
Faciam illi unam quæstionem.
Dès hiero maladus unus
Tombavit in meas manus;
Habet grandam fievram cum redoublamentis,
Grandam dolorem capitis,
Et grandum malum au côté,
Cum grandâ difficultate
Et penâ respirare.
Veillas mihi dire,
Docte bacheliere,
Quid illi facere.

ARGAN.

Clysterium donare,
Posteà seignare,
Ensuita purgare.

COMEDIE.

CINQUIEME DOCTEUR.
Mais si maladia
Opiniatria
Non vult se garire,
Quid illi facere ?

ARGAN.
Clysterium donare,
Poste à seignare,
Ensuita purgare.
Reseignare, repurgare, & reclysterisare.

CHŒUR.
Benè, benè, benè, benè respondere;
Dignus, dignus est intrare
In nostro docto corpore.

LE PRESIDENT à Argan.
Juras gardare statuta
Per Facultatem præscripta,
Cum sensu & jugeamento ?

ARGAN.
Juro.

LE PRESIDENT.
Essere in omnibus
Consultationibus
Ancieni aviso ;
Aut bono,
Aut mauvaiso ?

ARGAN.
Juro.

LE PRESIDENT.
De ne jamais te servire
De remediis aucunis,
Quam de ceux seulement doctæ Facultatis ;
Maladus dût-il crevare
Et mori de suo malo ?

ARGAN.
Juro.

LE PRESIDENT.
Ego, cum isto boneta

Venerabili & docto,
Dono tibi & concedo
Virtutem & puissanciam
Medicandi,
Purgandi,
Seignandi,
Perçandi,
Taillandi,
Coupandi,
Et occidendi,
Impunè per totam terram.

III. ENTRÉE DE BALLET.

Les Chirurgiens & les Apothicaires viennent faire la révérence en cadence à Argan.

ARGAN.

Grandes doctores doctrinæ,
De la rhubarbe & du séné,
Ce seroit sans douta à moi chosa folla,
Inepta & ridicula,
Si j'alloibam m'engageare
Vobis louangeas donare,
Et entreprenoibam adjoutare
Des lumieras au soleilo,
Et des étoilas au cielo,
Des ondas à l'oceano ;
Et des rosas au printano.
Agreate qu'avec uno moto
Pro toto remercimento
Randam gratiam corpori tam docto.
Vobis, vobis debeo
Bien plus qu'à naturæ, & qu'à patri meo.
Natura & pater meus
Hominem me habent factum ;
Mais vos me, ce qui est bien plus,

COMEDIE.

Avetis factum medicum.
Honor, favor, & gratia,
Qui in hoc corde que voilà,
Imprimant ressentimenta
Qui duriront in sæcula.

CHŒUR.

Vivat, vivat, vivat, vivat, cent fois vivat,
Novus doctor, qui tam benè parlat;
Mille, mille annis, & manget, & bibat,
Et seignet, & tuat.

IV. ENTRÉE DE BALLET.

Tous les Chirurgiens & les Apothicaires dansent au son des instrumens & des voix, & des battemens de mains, & des mortiers d'Apothicaires.

PREMIER CHIRURGIEN.

Puisse-t-il voir doctas
Suas ordonnancias,
Omnium chirurgorum,
Et apoticarum
Ramplire boutiquas.

CHŒUR.

Vivat, vivat, vivat, vivat, cent fois vivat,
Novus doctor, qui tam benè parlat,
Mille, mille annis, & manget & bibat,
Et seignet, & tuat.

SECOND CHIRURGIEN.

Puisse toti anni
Lui essere boni
Et favorabiles,
Et n'habere jamais
Quam pestas, verolas,
Fievras, pleuresias,
Fluxus de sang & dissenterias.

CHŒUR.

Vivat, vivat, vivat, vivat, cent fois vivat
Novus doctor, qui tam benè parlat,
Mille, mille annis, & manget, & bibat,
Et seignet, & tuat.

V. & derniere ENTREE DE BALLET.

Pendant que le dernier Chœur se chante, les Médecins, les Chirurgiens & les Apothicaires sortent tous selon leur rang en cérémonie, comme ils sont entrés.

F I N.

REMERCIMENT

REMERCIEMENT AU ROI.

Votre pareſſe enfin me ſcandaliſe,
Ma muſe obéïſſez-moi ;
Il faut ce matin, ſans remiſe,
Aller au lever du Roi.
Vous ſçavez bien pourquoi ;
Et ce vous eſt une honte
De n'avoir pas été plus prompte
A le remercier de ſes fameux bienfaits ;
Mais il vaut mieux tard que jamais ;
Faites donc votre compte
D'aller au Louvre accomplir mes ſouhaits.
Gardez-vous bien d'être en muſe bâtie,
Un air de muſe eſt choquant dans ces lieux ;
On y veut des objets à réjouir les yeux,
Vous en devez être avertie ;
Et vous ferez votre cour beaucoup mieux,
Lorſqu'en Marquis vous ſerez traveſtie.
Vous ſçavez ce qu'il faut pour paroître Marquis ;
N'oubliez rien de l'air, ni des habits,
Arborez un chapeau chargé de trente plumes
Sur une perruque de prix,
Que le rabat ſoit des plus grands volumes,
Et le pourpoint des plus petits.
Mais ſur-tout je vous recommande
Le manteau d'un ruban, ſur le dos retrouſſé,
La galanterie en eſt grande ;
Et, parmi les Marquis de la plus haute bande,
C'eſt pour être placé.
Avec vos brillantes hardes,

Tome VIII. H

Et votre ajustement,
Faites tout le trajet de la salle des gardes;
Et, vous peignant galamment,
Portez de tous côtés vos regards brusquement,
Et ceux que vous pourrez connoître,
Ne manquez pas d'un haut ton,
De les saluer par leur nom,
De quelque rang qu'ils puissent être;
Cette familiarité
Donne, à quiconque en use, un air de qualité.
Gratez du peigne à la porte
De la chambre du Roi
Ou, si, comme je prévoi,
La presse si trouve forte,
Montrez de loin votre chapeau,
Ou montez sur quelque chose
Pour faire votre museau,
Et criez, sans aucune pause,
D'un ton rien moins que naturel,
Monsieur l'Huissier, pour le Marquis un tel.
Jettez-vous dans la foule, & tranchez du notable;
Coudoyez un chacun, point du tout de quartier,
Pressez, poussez, faites le diable,
Pour vous mettre le premier;
Et, quand même l'Huissier
A vos desirs inexorable,
Vous trouveroit en face un Marquis repoussable;
Ne démordez point pour cela.
Tenez toujours ferme-là,
A déboucher la porte il iroit trop du vôtre,
Faites qu'aucun n'y puisse pénétrer;
Et qu'on soit obligé de vous laisser entrer,
Pour faire entrer quelqu'autre.
Quand vous serez entré, ne vous relâchez pas,
Pour assiéger la chaise, il faut d'autres combats;
Tâchez d'en être des plus proches,
En y gagnant le terrein pas à pas;
Et, si des assiégeans le prévenant amas.

En bouche toutes les approches,
Prenez le parti doucement,
D'attendre le Prince au passage.
Il connoîtra votre visage,
Malgré votre déguisement,
Et lors, sans tarder davantage,
Faites-lui votre compliment.
Vous pourriez aisément l'étendre,
Et parler des transports qu'en vous font éclater
Les surprenants bienfaits que, sans les mériter,
Sa libérale main sur vous daigne répandre,
Et des nouveaux efforts, où s'en va vous porter
L'excès de cet honneur où vous n'osiez prétendre ;
Lui dire comme vos desirs
Sont, après ses bontés qui n'ont point de pareilles,
D'employer à sa gloire, ainsi qu'à ses plaisirs
Tou votre art, & toutes vos veilles ;
Et là-dessus lui promettre merveilles.
Sur ce chapitre on n'est jamais à sec ;
Les muses sont des grandes prometteuses,
Et comme vos sœurs les causeuses,
Vous ne manquerez pas sans doute, par le bec ;
Mais les grands Princes n'aiment gueres
Que les complimens qui sont courts ;
Et le nôtre, sur-tout, a bien d'autres affaires
Que d'écouter tous vos discours.
La louange & l'encens n'est pas ce qui le touche ;
Dès que vous ouvrirez la bouche
Pour lui parler de grace & de bienfait,
Il comprendra d'abord ce que vous voulez dire,
Et, se mettant doucement à sourire
D'un air qui, sur les cœurs, fait un charmant effet,
Il passera comme un trait,
Et cela vous doit suffire,
Voilà votre compliment fait.

FIN.

LA GLOIRE
DU
VAL-DE-GRACE.

Digne fruit de vingt ans les travaux somptueux,
Auguste bâtiment, Temple majestueux,
Dont le dôme superbe, élevé dans la nue,
Pare du grand Paris la magnifique vue,
Et, parmi tant d'objets semés de toutes parts,
Du voyageur surpris prend les premiers regards ;
Fait briller à jamais, dans ta noble richesse,
La splendeur du saint vœu d'une grande Princesse,
Et porte un témoignage à la postérité
De sa magnificence, & de sa piété ;
Conserve à nos neveux une montre fidele
Des exquises beautés que tu tiens de son zele.
Mais défends bien sur-tout de l'injure des ans
Le chef-d'œuvre fameux de ses riches presens,
Cet éclatant morceau de sçavante peinture,
Dont elle a couronné ta noble architecture;
C'est le plus bel effet des grands soins qu'elle a pris,
Et ton marbre, & ton or ne sont point de ce prix.

LA GLOIRE, &c.

Toi qui dans cette coupe, à ton vaste génie
Comme un ample Théatre heureusement fournie,
Es venu déployer les précieux tréfors
Que le Tibre t'a vu ramasser sur ses bords ;
Dis-nous fameux, Mignard, par qui te sont ver-
 sées
Les charmantes beautés de tes nobles pensées,
Et dans quel fonds tu prends cette variété,
Dont l'esprit est surpris, & l'œil est enchanté.
Dis-nous quel feu divin, dans tes fécondes veilles,
De tes expressions enfante les merveilles,
Quels charmes ton pinceau répand dans tous ses
 traits,
Quelle force il y méle à ses plus doux attraits,
Et quel est ce pouvoir, qu'au bout des doigts tu
 portes,
Qui fait faire à nos yeux vivre des choses mortes ;
Et d'un peu de mélange & de bruns & de clairs,
Rendre esprit la couleur, & les pierres des chairs.
 Tu te tais ; & prétends que ce sont des matieres
Dont tu dois nous cacher les sçavantes lumieres ;
Et que ces beaux secrets, à tes travaux vendus,
Te coûtent un peu trop pour être répandus ;
Mais ton pinceau s'explique, & trahit ton silence,
Malgré toi, de ton art, il nous fait confidence ;
Et, dans ses beaux efforts à nos yeux étalés,
Les mysteres profonds nous en sont révélés.
Une pleine lumiere ici nous est offerte ;
Et ce dôme pompeux est une école ouverte,
Où l'ouvrage faisant l'office de la voix,
Dicte de ton grand art les souveraines loix.
Il nous dit fortement les trois nobles parties (*a*)
Qui rendent d'un tableau les beautés assorties,
Et dont en s'unissant, les talens relevés,
Donn nt à l'Univers les peintres achevés.

(*a*) *L'invention, le dessein, le coloris.*

Mais des trois, comme Reine, il nous expose
 celle (b)
Que ne peut nous donner le travail, ni le zele ;
Et qui comme un present de la faveur des Cieux,
Eſt du nom de divine appellée en tous lieux ;
Elle dont l'effort monte au-deſſus du tonnerre,
Et ſans qui l'on demeure à ramper contre terre,
Qui meut tout, regle tout, en ordonne à ſon choix ;
Et des deux autres mene, en régit les emplois.
Il nous enſeigne à prendre une digne matiere,
Qui donne au feu d'un peintre une vaſte carriere ;
Et puiſſe recevoir tous les grands ornemens,
Qu'enfante un beau génie en ſes accouchemens,
Et dont la Poéſie, & ſa ſœur la peinture,
Parant l'inſtruction de leur docte impoſture,
Compoſent avec art ces attraits, ces douceurs,
Qui font à leurs leçons un paſſage à nos cœurs ;
Et par qui, de tout tems, ces deux ſœurs ſi pa-
 reilles
Charment l'une les yeux, & l'autre les oreilles.
Mais il nous dit de fuir un diſcord apparent
Du lieu que l'on nous donne, & du ſujet qu'on prend ;
Et de ne point placer dans un tombeau des fêtes,
Le Ciel contre nos pieds, & l'enfer ſur nos têtes.
Il nous apprend à faire avec détachement,
De grouppes contraſtés un noble ageancement,
Qui, du champ du tableau, faſſe un juſte partage
En conſervant les bords un peu legers d'ouvrage,
N'ayant nul embarras, nul fracas vicieux
Qui rompe ce repos ſi fort ami des yeux ;
Mais où, ſans ſe preſſer, le grouppe ſe raſſemble,
Et forme un doux concert, faſſe un beau tout en-
 ſemble ;
Où rien ne ſoit à l'œil mendié, ni redit,
Tout s'y voyant tiré d'un vaſte fonds d'eſprit,

 (b) I. L'invention, premiere partie de la peinture.

Affaifonné du fel de nos graces antiques,
Et non du fade goût des ornemens gothiques;
Ces monftres odieux des fiecles ignorans,
Que de la barbarie ont produit les torrens,
Quand leur cours, inondant prefque toute la terre,
Fit à la politeffe une mortelle guerre;
Et de la grande Rome abbattant les remparts,
Vint, avec fon empire, étouffer les beaux arts.
Il nous montre à pofer avec nobleffe & grace
La premiere figure à la plus belle place,
Riche d'un agrément, d'un brillant de grandeur
Qui s'empare d'abord des yeux du fpectateur,
Prenant un foin exact que, dans tout fon ouvrage,
Elle joue aux regards le plus beau perfonnage;
Et que, par aucun rôle au fpectacle placé,
Le héros du tableau ne fe voie effacé.
Il nous enfeigne à fuir les ornemens débiles
Des épifodes froids & qui font inutiles,
A donner au fujet toute fa vérité,
A lui garder par-tout pleine fidélité,
Et ne fe point porter à prendre de licence,
A moins qu'à des beautés elle donne naiffance.
Il nous dicte amplement les leçons du deffein, (c)
Dans la maniere Grecque, & dans le goût Romain;
Le grand choix du beau vrai, de la belle nature,
Sur les reftes exquis de l'antique fculpture,
Qui, prenant d'un fujet la brillante beauté,
En fcavoit féparer la foible vérité,
Et formant de plufieurs une beauté parfaite,
Nous corrige par l'art la nature qu'on traite.
Il nous explique à fond, dans les inftructions,
L'union de la grace, & des proportions;
Les figures par-tout doctement dégradées,
Et leurs extrêmités foigneufement gardées,
Les contraftes fçavans des membres agrouppés,

(c) II. *Le deffein, feconde partie de la peinture.*

Grands, nobles, étendus, & bien développés,
Balancés sur leur centre en beautés d'attitude,
Tous formés l'un pour l'autre avec exactitude,
Et n'offrant point aux yeux ces galimathias,
Où la tête n'est point de la jambe, ou du bras;
Leur juste attachement aux lieux qui les font naître,
Et les muscles touchés autant qu'ils doivent l'être;
La beauté des contours observés avec soin,
Point durement traités, amples, tirés de loin,
Inégaux, ondoyans, & tenant de la flamme,
Afin de conserver plus d'action & d'ame;
Les nobles airs de tête amplement variés,
Et tous au caractere avec choix mariés,
Et c'est-là qu'un grand peintre, avec pleine largesse,
D'une féconde idée étale la richesse,
Faisant briller par-tout de la diversité,
Et ne tombant jamais dans un air répété;
Mais un peintre commun trouve une peine extrême
A sortir dans ses airs, de l'amour de soi-même;
De redites sans nombre il fatigue les yeux.
Et, plein de son image, il se peint en tous lieux.
Il nous enseigne aussi les belles draperies,
De grands plis bien jettés, suffisamment nourries,
Dont l'ornement aux yeux doit conserver le nud;
Mais qui, pour le marquer, soit un peu retenu,
Qui ne s'y colle point, mais en suive la grace,
Et, sans la serrer trop, la caresse & l'embrasse.
Il nous montre à quel air, dans quelles actions
Se distinguent à l'œil toutes les passions;
Les mouvemens du cœur, peints d'une adresse extrême,
Par des gestes puisés dans la passion même,
Bien marqués pour parler, appuyés, forts, & nets;
Imitans en vigueur les gestes des muets
Qui veulent réparer la voix que la nature
Leur a voulu nier, ainsi qu'à la peinture.

Il nous étale enfin les mysteres exquis (*d*)
De la belle partie où triompha Zeuxis,
Et qui, le revêtant d'une gloire immortelle,
Le fit aller du pair avec le grand Appelle;
L'union, les concerts, & les tons des couleurs,
Contrastes, amitiés, ruptures & valeurs,
Qui font les grands effets, les fortes impostures,
L'achevement de l'art, & l'ame des figures.
Il nous dit clairement dans quel choix le plus beau,
On peut prendre le jour, & le champ du tableau,
Les distributions & d'ombre, & de lumiere,
Sur chacun des objets & sur la masse entiere,
Leur dégradation dans l'espace de l'air
Par les tons différens de l'obscur & du clair,
Et quelle force il faut aux objets mis en place
Que l'approche distingue, & le lointain efface;
Les gracieux repos que par des soins communs,
Les bruns donnent aux clairs, comme les clairs aux bruns;
Avec quel agrément d'insensible passage
Doivent ces opposés entrer en assemblage,
Par quelle douce chûte ils doivent y tomber,
Et dans un milieu tendre, aux yeux se dérober;
Ces fonds officieux qu'avec art on se donne,
Qui reçoivent si bien ce qu'on leur abandonne;
Par quels coups de pinceau, formant de la rondeur,
Le peintre donne au plat le relief du sculpteur,
Quel adoucissement des teintes de lumiere,
Fait perdre ce qui tourne, & le chasse derriere,
Et comme, avec un champ fuyant, vague & leger,
La fierté de l'obscur sur la douceur du clair,
Triomphant de la toile, en tire avec puissance
Les figures que veut garder sa résistance,
Et, malgré tout l'effort qu'elle oppose à ses coups,
Les détache du fond, & les amene à nous.

(*d*) III. *Le coloris, troisieme partie de la peinture.*

Il nous dit tout cela, ton admirable ouvrage;
Mais, illustre Mignard, n'en prend aucun ombrage,
Ne crains pas que ton art, par ta main découvert,
A marcher sur tes pas tienne un chemin ouvert,
Et que de ses leçons les grands & beaux oracles
Elevent d'autres mains à tes doctes miracles;
Il y faut des talens que ton mérite joint,
Et ce sont des secrets qui ne s'apprennent point.
On n'acquiert point, Mignard, par les soins qu'on
 se donne,
Trois choses, dont les dons brillent dans ta personne,
Les passions, la grace, & les tons de couleur,
Qui des riches tableaux font l'exquise valeur;
Ce sont presens du Ciel, qu'on voit peu qu'il as-
 semble,
Et les siecles ont peine à les trouver ensemble.
C'est par-là qu'à nos yeux nuls travaux enfantés
De ton noble travail n'atteindront les beautés,
Malgré tous les pinceaux, que ta gloire réveille,
Il sera de nos jours la fameuse merveille;
Et des bouts de la terre, en ces superbes lieux,
Attirera les pas des sçavans curieux.

O vous, dignes objets de la noble tendresse
Qu'à fait briller pour vous cette auguste Princesse,
Dont au grand Dieu naissant, au véritable Dieu,
Le zele magnifique a consacré ce lieu,
Purs esprits, où du Ciel sont les graces infuses,
Beaux Temples des vertus, admirables recluses,
Qui, dans votre retraite, avec tant de ferveur,
Mélez parfaitement la retraite du cœur,
Et, par un choix pieux hors du monde placées,
Ne détachez vers lui nulle de vos pensées,
Qu'il vous est cher d'avoir sans cesse devant vous
Ce tableau de l'objet de vos vœux les plus doux;
D'y nourrir par vos yeux les précieuses flammes
Dont si fidélement brûlent vos belles ames;
D'y sentir redoubler l'ardeur de vos desirs;

D'y donner à toute heure un encens de soupirs;
Et d'embrasser du cœur une image si belle
Des célestes beautés de la gloire éternelle,
Beautés qui dans leurs fers tiennent vos libertés,
Et vous font méprifer toutes autres beautés !

 Et toi, qui fut jadis la maîtresse du monde,
Docte & fameuse Ecole en raretés féconde,
Où les arts déterrés ont, par un digne effort,
Réparé les dégats des Barbares du Nord,
Source des beaux débris des siecles mémorables,
O Rome, qu'à tes soins nous sommes redevables
De nous avoir rendu façonné de ta main,
Ce grand homme, chez toi, devenu tout Romain,
Dont le pinceau célebre, avec magnificence,
De ses riches travaux vient parer notre France,
Et dans un noble lustre y produire à nos yeux
Cette belle peinture inconnue en ces lieux,
Là fresque, dont la grace à l'autre préférée
Se conserve un éclat d'éternelle durée ;
Mais dont la promptitude & les brusques fiertés
Veulent un grand génie à toucher ses beautés !

 De l'autre qu'on connoît, la traitable méthode
Aux foiblesses d'un peintre aisément s'accommode ;
La paresse de l'huile, allant avec lenteur,
Du plus tardif génie attend la pesanteur,
Elle sçait secourir, par le tems qu'elle donne,
Les faux pas que peut faire un pinceau qui tâtonne ;
Et, sur cette peinture, on peut, pour faire mieux,
Revenir quand on veut, avec de nouveaux yeux.
Cette commodité de retoucher l'ouvrage,
Aux peintres chancelans est un grand avantage ;
Et, ce qu'on ne fait pas en vingt fois qu'on reprend,
On le peut faire en trente, on le peut faire en cent.

 Mais la fresque est pressante ; & veut, sans com-
  plaisance,
Qu'un peintre s'accommode à son impatience,
La traite à sa maniere ; &, d'un travail soudain,

Saisisse le moment qu'elle donne à sa main.
La sévére rigueur de ce moment qui passe,
Aux erreurs d'un pinceau ne fait aucune grace,
Avec elle il n'est point de retour à tenter,
Et tout au premier coup se doit exécuter.
Elle veut un esprit où se rencontre unie
La pleine connoissance avec le grand génie,
Secouru d'une main propre à le seconder,
Et maîtresse de l'art jusqu'à le gourmander,
Une main prompte à suivre un beau feu qui la guide;
Et dont, comme un éclair, la justesse rapide
Répande dans ses fonds, à grands traits non tâtés,
De ses expressions les touchantes beautés.
C'est par-là que la fresque éclatante de gloire,
Sur les honneurs de l'autre emporte la victoire,
Et que tous les Sçavans, en juges délicats,
Donnent la préférence à ses mâles appas.
Cent doctes mains chez elle ont cherché la louange;
Et Jules, Annibal, Raphaël, Michel-Ange,
Les Mignards de leur siecle, en illustres rivaux,
Ont voulu par la fresque ennoblir leurs travaux.
 Nous la voyons ici doctement revêtue
De tous les grands attraits qui surprennent la vue.
Jamais rien de pareil n'a paru dans ces lieux;
Et la belle inconnue a frappé tous les yeux.
Elle a non-seulement, par ses graces fertiles,
Charmé du grand Paris les connoisseurs habiles,
Et touché de la Cour le beau monde sçavant;
Ses miracles encore ont passé plus avant,
Et, de nos courtisans les plus legeres d'étude,
Elle a pour quelque-tems fixé l'inquiétude,
Arrêté leur esprit, attaché leurs regards,
Et fait descendre en eux quelque goût des beaux
  arts.
 Mais ce qui, plus que tout, éleve son mérite,
C'est de l'auguste Roi l'éclatante visite;
Ce Monarque, dont l'ame aux grandes qualités

DU VAL-DE-GRACE.

Joint un goût délicat des sçavantes beautés,
Qui séparant le bon d'avec son apparence,
Décide sans erreur, & loüe avec prudence.
LOUIS, le Grand LOUIS, dont l'esprit souve-
  rain
Ne dit rien au hasard, & voit tout d'un œil sain,
A versé de sa bouche à ses graces brillantes
De deux précieux mots les douceurs chatouillantes,
Et l'on sçait qu'en deux mots ce Roi judicieux,
Fait, des plus beaux travaux l'éloge glorieux,
Colbert, dont le bon goût suit celui de son maître,
A senti même charme, & nous le fait paroître.
Ce vigoureux génie, au travail si constant,
Dont la vaste prudence à tous emplois s'étend,
Qui, du choix souverain, tient, par son haut mé-
  rite,
Du commerce & des arts la suprême conduite,
A d'une noble idée enfanté le dessein
Qu'il confie aux talens de cette docte main ;
Et dont il veut par elle attacher la richesse
Aux sacrés murs du (*a*) Temple où son cœur
  s'intéresse.
La voilà, cette main, qui se met en chaleur ;
Elle prend les pinceaux, trace, étend la couleur,
Empâte, adoucit, touche, & ne fait nulle pause ;
Voilà qu'elle a fini ; l'ouvrage aux yeux s'expose ;
Et nous y découvrons, aux yeux des grands experts,
Trois miracles de l'art en trois tableaux divers.
Mais, parmi cent objets d'une beauté touchante,
Le Dieu porte au respect, & n'a rien qui n'enchante,
Rien en grace, en douceur, en vive majesté,
Qui ne presente à l'œil une Divinité ;
Elle est toute en ces traits si brillans de noblesse ;
La grandeur y paroit, l'équité, la sagesse,
La bonté, la puissance ; enfin ces traits font voir,
Ce que l'esprit de l'homme a peine à concevoir.

(a) *Saint Eustache.*

Pourſuis, ô grand Colbert, à vouloir, dans la France,
Des arts que tu régis établir l'excellence,
Et donne à ce projet, & ſi grand & ſi beau,
Tous les riches momens d'un ſi docte pinceau.
Attache à des travaux dont l'éclat te renomme,
Le reſte précieux des jours d'un ſi grand homme.
Tels hommes rarement ſe peuvent preſenter;
Et quand le Ciel les donne, il faut en profiter.
De ces mains, dont les tems ne ſont gueres prodigues,
Tu dois à l'Univers les ſçavantes fatigues,
C'eſt à ton miniſtere à les aller ſaiſir
Pour les mettre aux emplois que tu peux leur choiſir;
Et, pour ta propre gloire, il ne faut point attendre
Qu'elles viennent t'offrir ce que ton choix doit prendre.
Les grands hommes, Colbert, ſont mauvais courtiſans,
Peu faits à s'acquitter des devoirs complaiſans,
A leurs réflexions tout entiers ils ſe donnent;
Et ce n'eſt que par-là qu'ils ſe perfectionnent.
L'étude & la viſite ont leurs talens à part;
Qui ſe donne à la Cour, ſe dérobe à ſon art,
Un eſprit partagé rarement s'y conſomme;
Et les emplois de feu demandent tout un homme.
Ils ne ſçauroient quitter les ſoins de leur métier
Pour aller chaque jour fatiguer ton portier,
Ni par-tout, près de toi, par d'aſſidus hommages
Mendier des prôneurs les éclatans ſuffrages;
Cet amour de travail, qui toujours regne en eux,
Rend à tous autres ſoins leur eſprit pareſſeux;
Et tu dois conſentir à cette négligence
Qui de leurs beaux talens te nourrit l'excellence.
Souffre que, dans leur art, s'avançant chaque jour,
Par leurs ouvrages ſeuls, ils te faſſent leur cour.
Leur mérite à tes yeux, y peut aſſez paroître;

Consultes-en ton goût, il s'y connoît en maître,
Et te dira toujours, pour l'honneur de ton choix,
Sur qui tu dois verser l'éclat des grands emplois.
C'est ainsi que des arts la renaissante gloire
De tes illustres soins ornera la mémoire ;
Et que ton nom porté dans cent travaux pompeux,
Passera triomphant à nos derniers neveux.

FIN DES ŒUVRES DE MOLIERE.

Quoique la Piece suivante ne soit pas de M. Moliere, on a cru qu'il étoit à propos, pour la satisfaction du Lecteur, de la mettre à la fin de ses Œuvres, comme on a fait dans les éditions précédentes, pour ne pas supprimer une piece de Théatre, qui est toute à l'avantage de cet illustre Auteur, & qui a tant de rapport avec plusieurs personnages de ses Comédies.

L'OMBRE
DE MOLIERE,
COMÉDIE.

ACTEURS.

DEUX OMBRES.
CARON.
LE POETE.
PLUTON.
RADAMANTE.
MINOS.
MOLIERE, Poëte comique.
LA PRÉCIEUSE, de la Comédie des Précieuses.
LE MARQUIS DE MASCARILLE, de la même Comédie.
LE COCU, du Cocu imaginaire.
NICOLE, du Bourgeois Gentilhomme.
POURCEAUGNAC, de la Comédie de Pourceaugnac.
Madame JOURDAIN, du Bourgeois Gentilhomme.
QUATRE MÉDECINS, de la Comédie des Médecins.
L'ENVIE.

La Scene est dans les Champs Elisées.

A SON ALTESSE
SÉRÉNISSIME
MONSEIGNEUR
LE DUC
D'ENGUIEN.

Monseigneur,

Voici l'Ombre de Moliere ; *c'est une Comédie dont le bonheur sera parfait, si* Votre Altesse Sérénissime *l'honore du moindre coup d'œil. Sans l'autorité que me donne un long usage, je ne hasarderois pas de mettre votre illustre nom à la tête d'un Livre, lorsqu'il va si glorieusement éclater à la tête des Armées. Alexandre mettoit Homere sous son*

ÉPITRE.

chevet : Scipion & Lélie honorerent Térence de leu*r*
estime ; mais sans le secours de ces exemples, il suffi*t*
de celui de Votre Altesse Sérénissime
pour justifier que les Armes & les Lettres n'ont rien
d'incompatible, & que le cabinet & le camp peuvent
être amis. Souffrez donc, MONSEIGNEUR,
que les Œuvres de Moliere tiennent quelque
rang dans votre Bibliotheque, & que ma Comédie
soit une espece de Table pour les siennes.

De Votre Altesse Sérénissime,

MONSEIGNEUR,

Le très-humble & très-
obéissant serviteur,
BRECOUR.

PROLOGUE DE PSICHE

PROLOGUE DE L'OMBRE DE MOLIERE.

ORONTE, CLEANTE.

ORONTE.

Point, vous dis-je ; c'est une raillerie qu'on vous a faite de moi.

CLEANTE.
Je vous dis que je suis sûr de la chose.

ORONTE.
C'est quelqu'un qui a voulu se divertir à mes dépens vous dis-je.

CLEANTE.
Ah ! que vous êtes réservé !

ORONTE.
Mais que vous êtes folâtre avec votre Comédie ! C'est bien à moi à entreprendre de ces Ouvrages ? Non, non Cléante, je me connois ; & si parmi mes amis je me laisse aller à produire quelque Epigramme, quelque Madrigal, ou de semblables bagatelles, croyez que cela ne m'a point donné assez bonne opinion de moi pour entreprendre un ouvrage, que l'on puisse appeller Comédie. C'est un pas, à la vérité, que presque tous les gens franchissent aisément ; & il semble qu'il suffise d'avoir fait, à plusieurs reprises, une certaine quantité de médiocres ou de mé-

PROLOGUE.

chans vers, pour se donner avec beaucoup d'impunité le nom d'Auteur ; & sous ce titre, on hasarde librement un assemblage de caracteres bien ou mal fondés, d'incidens amenés à force, & de galimathias redoublés que l'on baptise effrontément du nom de Comédie. Voilà par où plusieurs honnêtes-gens ont échoué dans le monde ; & sur leur exemple je ne hasarderai point, mon cher Cléante, de perdre un peu d'estime que d'autres talens que la Poésie m'ont acquise. Quand on peut faire quelque chose de mieux qu'une méchante Piece, on ne doit point travailler à cet ouvrage ; & quoiqu'on entreprenne, si l'on ne peut y réussir parfaitement, il vaudroit encore mieux ne rien faire du tout.

CLEANTE.

Je vous trouve admirable, Oronte, avec tous ces justes & beaux raisonnemens ! mais ce qui m'en plaît le plus, c'est de vous voir si bien condamner aux autres une démangeaison dont vous n'avez pu vous défendre. Oui, morbleu, je vous dis que vous avez fait une Comédie.

ORONTE.

Moi !

CLEANTE.

Vous l'avez donnée à étudier déjà.

ORONTE.

Encore ?

CLEANTE.

C'est une petite Piece en prose.

ORONTE.

Bon !

CLEANTE.

Et les Comédiens qui la representeront, sont cachés là-haut dans votre chambre, pour la répéter aujourd'hui. Là, rougissez à present qu'on vous met le doigt sur la Piece. Hé ?

ORONTE.

Comment avez-vous sçu cela ?

PROLOGUE.

CLEANTE.

Ah ! comment je l'ai sçu ? que me donnerez-vous, & je vous le dirai ?

ORONTE.

Hé, de grace, dites-moi qui m'auroit pu trahir ? C'est une chose que je n'ai confié qu'à mon frere & à ma femme.

CLEANTE.

Socrate se repentit d'avoir dit son secret à la sienne : mais ce n'est point de la vôtre dont j'ai appris ceci ; & pour vous tirer d'inquiétude, sachez que le hasard, & votre peu de soin, m'ont appris que vous aviez fait une Comédie. Vous connoissez votre écriture apparemment, puisque je la connois aussi. Tenez. L'OMBRE DE MOLIERE, *petite Comédie en Prose*. Eh ?

ORONTE.

Ah, Cléante ! je vous l'avoue, puisque vous le sçavez : je m'y suis laissé aller, il est vrai, vous tenez mon Ouvrage ; c'est une petite Piece de ma façon, & vous êtes trop de mes amis, pour ne vous le pas dire.

CLEANTE.

Ah ! je vous suis trop obligé vraiment, & vous m'avez confié ce secret de trop bonne grace pour ne vous en pas témoigner ma reconnoissance.

ORONTE.

Que vous êtes fou ! donnez donc. C'est une bagatelle que je n'ai pas jugé digne d'entrer dans votre confidence ; &, pour vous le dire franchement, c'est l'effet de quelques heures de mélancolie qui m'ont fait griffonner ce petit Ouvrage. Vous sçavez que j'estimois Moliere ; & cette Piece n'est autre chose qu'un monument de mon amitié que je consacre à sa mémoire. La maniere dont il paroît dans ma Comédie, le represente naturellement comme il étoit, c'est-à-dire, comme le censeur de toutes les choses déraisonnables, blâmant les sottises, l'ignorance & les vices de son siecle.

CLEANTE.

Il est vrai qu'il a heureusement joué toutes sortes de matieres, & son Théatre nous a servi long-tems d'une divertissante & profitable école.

ORONTE.

Il étoit dans son particulier, ce qu'il paroissoit dans la Morale de ces Pieces ; honnête, judicieux, humain, franc, généreux, & même, malgré ce qu'en ont cru quelques esprits mal faits, il tenoit un si juste milieu dans de certaines matieres, qu'il s'éloignoit aussi sagement de l'excès, qu'il sçavoit se garder d'une dangereuse médiocrité. Mais la chaleur de notre ancienne amitié m'emporte, & je m'apperçois qu'insensiblement je ferois son panégyrique, au lieu de vous demander quartier. J'ai plus besoin de grace, que sa mémoire de louange : c'est pourquoi, cher Cléante, je vous redemande ma Piece : mais puisque vous êtes ici, honorez-là de votre attention, & ne la regardez, je vous prie, que comme une chose que j'ai dédiée à la seule mémoire de mon ami.

CLEANTE.

Allez, Oronte, quelque chose que ce soit, le seul sentiment qui vous l'a fait entreprendre, vous doit assurer de la réussite de votre Ouvrage ; & rien n'est plus honnête à vous que de montrer au public avec quelle justice vous estimiez un si grand homme.

Fin du Prologue.

L'OMBRE

L'OMBRE DE MOLIERE.
COMÉDIE.

SCENE PREMIERE.

Le Théatre s'ouvre par DEUX OMBRES, *qui en dansant, apportent chacune un morceau de tout ce qui peut former un Tribunal: & après l'avoir dressé, elles se disputent un balai pour nettoyer ce lieu où Pluton se doit venir rendre bientôt.*

1. OMBRE.

DONNE, donne-moi ce balai.

2. OMBRE.

Je n'en ferai rien, c'est à moi à balayer ici : Pluton y va venir, & je veux que tout soit net, & propre comme il faut.

1. OMBRE.

Oui, mais je te dispute cet honneur, cela m'appartient mieux qu'à toi.

Tome VIII.

2. OMBRE.

Et par quelle raison ?

1. OMBRE.

Par la raison que quand j'étois en l'autre monde, je me suis si bien acquitté de mon emploi, que je mérite bien en celui-ci l'honneur de l'exercer encore.

2. OMBRE.

Et quel mérite avois-tu plus que moi en l'autre monde ? N'étions-nous pas laquais tous deux ?

1. OMBRE.

Oui, mais il y a laquais & laquais.

2. OMBRE.

Et qu'as-tu à me reprocher ? N'ai-je pas fidelement servi tous les maîtres à qui j'ai été ?

1. OMBRE.

Ai-je manqué en rien, moi, à tout ce que les miens m'ont commandé ? Et quand je servois, par exemple, cet illustre & fameux Tailleur, m'a-t-on jamais vu lui friponner la moindre guenille des choses qu'il déroboit ?

2. OMBRE.

Et quand je servois, moi, mon petit grison de Procureur, m'a-t-on jamais vu abuser des secrets qu'il me confioit, ni révéler aucune des friponneries qu'il faisoit à ses Parties ?

1. OMBRE.

M'a-t-on vu manquer jamais à la fidélité que j'ai due à une maîtresse coquette que je servois, ni avertir son mari que je portois tous les jours des billets doux à ses galans ?

2. OMBRE.

Et durant les quatre années que j'ai servi ce fameux empirique, m'a-t-on jamais oui-dire le moindre mot des poisons qu'il composoit, & de toutes les vies qu'il vendoit par ce moyen au plus offrant & dernier enchérisseur.

1. OMBRE.

Tout beau ; le secret de faire mourir les gens a quelque rapport avec la Médecine, & nous ne ferions pas bien venus à enfiler ce discours. Nous nous échapperions peut-être à parler contre les Médecins, en parlant des morts. Tu sçais que ces Messieurs sont un peu vindicatifs, & que depuis quelque-tems surtout, nous en avons ici qui ne prêchent que la vengeance de ceux qui n'ont pas voulu mourir par leurs mains ; & s'il arrive que notre grand Pluton leur accorde quelque empire en ces lieux, comme ils le prétendent, ils pourroient bien étendre leur colere jusques sur nous, pour n'avoir pas parlé d'eux avec tout le respect qu'ils attendent. C'est pourquoi nous ferons mieux de nous taire.

2. OMBRE.

A propos, c'est donc pour ces Messieurs que la fête se fait, & que nous venons tout préparer ici ?

1. OMBRE.

Je ne sçais si c'est pour d'autres ou pour eux ; mais je sçais bien que Pluton s'y doit rendre bientôt pour juger une grande affaire. C'est pourquoi, si tu m'en crois, au lieu de quereller & de disputer de nos avantages, nous prendrons chacun un balai, & nous nettoyerons ensemble, pour avoir plutôt fait. Aussi-bien je vois trop d'ordures ici pour un seul balayeur.

2. OMBRE.

Tu as raison ; mais j'entends du bruit. Seroit-ce déjà Pluton ?

1. OMBRE.

Attend. Non, non, ce n'est pas lui encore ; c'est Caron avec le Génie du Poëte Doucet. Je crois qu'ils n'auront jamais fini leur querelle.

2. OMBRE.

A qui en a Caron aussi de tourmenter incessamment ce pauvre Génie ?

1. OMBRE.

Il faut bien qu'il lui ait fait quelque chose.

SCENE II.
CARON, LE POETE, LES DEUX OMBRES.

CARON.

Que font-là ces coquins ? Allons, tout est-il prêt ?

2. OMBRE.

Oui, Messieurs, & vous pouvez quereller ici fort proprement.

CARON *au Poëte.*

Quoi ! Tu ne me laisseras pas en repos ? Veux-tu te retirer ?

LE POETE.

Hélas, Caron, hélas !

CARON *le raillant sur le même ton.*

Hélas, Caron, hélas ! A qui diable en as-tu avec tes piteux hélas ?

LE POETE.

Quoi, me laisser sécher ainsi dans les champs élisées ! N'as-tu point quelque endroit à me mettre, & dois-je rester parmi les ombres errantes ?

CARON.

Et où veux-tu que je te fourre, malheureux Génie que tu es ? Veux-tu que je te mette parmi les Poëtes ? Cela est indigne de ton mérite. Que je t'aille nicher aussi parmi des Héros ? Ma foi, tu les as un peu trop bien accommodés, pour croire qu'ils s'accommodassent de toi.

LE POETE.

Et quel outrage leur ai-je fait ?

CARON.

Ce que tu leur as fait ? Ma foi, tu les as fait de fort jolis garçons, & principalement les héros Grecs ont grand sujet de se louer de toi. Tu les as si bien barbouillés, qu'ils n'ont plus besoin de masque au carnaval pour se déguiser.

LE POETE.
Que-tu fais le plaisant mal-à-propos !

CARON.
Tu as raison, mais ce n'est que depuis que nous nous voyons. Ce faquin, sans me connoître, m'a si bien traduit en diseur de bons mots, que l'on me chante en l'autre monde comme un opérateur grotesque, moi qui à force d'entendre des lamentations, dois être triste comme un bonnet de nuit sans coëffe. Hé bien : tenez, ne voilà-t-il pas encore ? Un bonnet de nuit sans coëffe ! Depuis que je connois cet animal, je ne dis que des sottises. Il me prend envie de te mettre aux mains avec Virgile, il t'apprendra à me connoître.

LE POETE.
Hélas, Caron, hélas !

CARON.
Encore ? Ma foi, je te baillerai de ma rame sur les oreilles.

LE POETE.
Peux-tu traiter avec tant de rigueur un Génie qui a passé pour la douceur même ?

CARON.
Hé ! Tu n'étois que trop doux, mon enfant, & un peu de sel t'auroit fait grand bien. Mais je suis las de t'entendre ; nous avons bien d'autres affaires ; adieu, va te promener. Ne va pas gâter nos belles allées au moins, ni t'amuser à cueillir nos lauriers. Ce n'est pas viande pour tes oiseaux.

LE POETE.
Où veux-tu donc que j'aille ?

CARON.
Promene-toi sur l'égout ; & si la faim te prend, on te permet de manger quelques chardons pour te rafraîchir la bouche.

L'OMBRE DE MOLIERE,
LE POETE.
Hélas! Car....
CARON.
Ah, le bourreau! Tu ne sortiras pas? Allons, balayeurs, faites votre charge. Voici Pluton, & cet animal n'a que faire ici.

Les Ombres chaffent le Poëte avec les manches de leurs balais.

SCENE III.
PLUTON, RADAMANTE, MINOS, L'ENVIE, CARON.

PLUTON *affis dans son Tribunal.*

ÇA, il est donc question de rendre justice aujourd'hui. Fais venir l'accusé, Caron; & que l'Envie amene les complaignans. Nous avons donc bien des affaires, Messieurs?

RADAMANTE.
Sans doute, & il nous est arrivé aujourd'hui une Ombre qui nous va bien donner de la besogne.

MINOS.
Ce ne sera pas une bagatelle que cette affaire-ici.

PLUTON.
Comment?

MINOS.
Je vais vous instruire de tout, afin que vous n'ayez pas la peine tantôt d'interroger les Parties. Il y avoit autrefois là-haut un certain homme qui se mêloit d'écrire, à ce qu'on dit; mais il s'étoit rendu si difficile, que rien ne lui sembloit parfait. Il se mit d'abord à critiquer les façons de parler particulieres; ensuite il donna sur les habillemens; delà il attaqua les mœurs, & se mit inconsidérément à blâ-

mer toutes les sottises du monde : il ne put jamais se résoudre à souffrir tous les abus qui s'y glissoient. Il dévoila le mystere de chaque chose ; fit connoître publiquement quel intérêt faisoit agir les hommes, & fit si bien enfin, que par les lumieres qu'il en donnoit, on commençoit de bonne-foi à trouver presque toutes les choses de la vie un peu ridicules. Il n'y eût pas jusqu'à la Médecine même, qui n'eut part à sa censure ; & ce fut une des choses qu'il toucha le plus souvent, & sçut si bien réussir en cette matiere, que pour peu qu'il l'eût traitée encore, il y auroit eu lieu de craindre pour les Médecins, qu'ils n'eussent accompli pour une seconde fois quelque petit bannissement de six cens années.

PLUTON.
Cela nous auroit fait grand tort.

MINOS.
Et c'est son arrivée ici qui cause cette audience, qui sans doute ne sera pas sans difficulté. Chacun prétend avoir sujet de se plaindre de lui, lui qui prétend n'avoir offensé personne ; au contraire de la maniere dont il parle, il semble que tout le monde lui soit obligé, & même il en donne d'assez bonnes raisons, & voilà qui est embarrassant.

PLUTON.
Tu l'as donc vu ?

MINOS.
Je viens de l'entretenir il n'y a qu'un moment.

PLUTON.
Où l'as-tu laissé ?

MINOS.
Dans l'allée des Poëtes, où il a trouvé l'esprit de Térence & celui de Plaute avec qui il se divertit.

PLUTON.
Il faudra entendre les raisons de chacun. Qu'on les fasse venir ; mais faites-les-moi paroître sous les mêmes figures qu'ils avoient en l'autre monde, afin de les mieux discerner.

RADAMANTE.
Voici déjà l'accusé que Caron vous amene.
PLUTON.
Où font les complaignans ?
MINOS.
L'Envie les doit conduire ici.

SCENE IV.

MOLIERE, CARON, PLUTON, RADAMANTE, MINOS.

CARON.

JE n'y puis plus tenir ; jamais il ne s'eſt vu tant d'ombres en un jour ; & la porte va rompre, ſi vous n'y donnez ordre.

TOUTES LES AMES.
Caron...
CARON.
Entendez-vous comme on m'appelle ? Dès qu'ils ont vu que je faiſois entrer cette ombre, ils ont penſé me dévorer.
TOUTES LES ÂMES.
Caron....
CARON.
On y va. Ordonnez donc ce que vous voulez que je laiſſe entrer.
TOUTES LES AMES.
Caron....
PLUTON.
Hé patience. Qui ſont-ils tous ces gens-là ?
CARON.
Ce ſont des Précieuſes, des Bourgeoiſes, des Marquis ridicules, des Femmes ſçavantes, des Avares, des Hypocrites, des Jaloux, des Cocus, & des Médecins.

COMEDIE.

PLUTON.

En voilà trop pour un jour. Qu'il n'en vienne qu'une partie.

CARON.

J'oubliois encore un Limousin, dont l'esprit est assez matériel pour servir de corps en un besoin.

PLUTON.

Fais-les entrer selon le rang qu'ils auront à la porte. Radamante, prends le rôle pour écrire les noms des complaignans. Ça, qui est celle-ci ?

SCENE V.

LA PRÉCIEUSE, CARON, PLUTON, MOLIERE, MINOS, RADAMANTE.

CARON.

Vous l'allez reconnoître à son langage.

LA PRÉCIEUSE.

Grand Monarque des sombres habitations, plaise aux Destins que vous prêtiez attentivement le sens auriculaire de votre justice aux éloquentes articulations de nos clameurs, & que par le triste visage de notre ame vous puissiez être pénétré de nos unanimes sentimens.

PLUTON.

Quel langage est-ce là ?

CARON.

C'est le franc Précieux.

PLUTON.

Voilà un beau jargon, vraiment. Écoutons.

LA PRECIEUSE.

La surprenante horreur de notre accablement coutera, sans doute, quelque égarement à la grandeur de votre ame. Vous voyez à vos genoux une addition de Précieuses qui vous en représente le corps, pour faire pencher en leur faveur l'équilibre de votre justice, contre le matériel échappement de ce Chronologiste scandaleux. Bien que la vengeance ne soit pas d'une ame du premier ordre, lorsque l'outrage a pris le vif, c'est une foiblesse de se laisser aller aux tendres émulations d'une pitié séduite par les vaines erreurs de l'ostentation.

PLUTON.

Ma foi, je n'y entends goutte.

LA PRECIEUSE.

La férocité de cet esprit sauvage a si bien donné la chasse au gibier de notre éloquence, que l'indigestion de nos pensées n'ose plus trouver le supplément de nos expressions. Il nous a si bien atteintes du crime d'absurdité, que nous en paroissons presque convaincues par-tout le piédestal du bas monde. Pardonnez, grand Monarque, si j'ose vous parler si vulgairement, & si toutes nos pensées ne sont pas revêtues d'expressions nobles & vigoureuses.

PLUTON.

Hé, il n'y a point de mal à cela ; au contraire, on ne se pique pas ici de beau langage. Dites un peu naturellement votre affaire ; car, foi de Dieu d'ici-bas, je n'y ai rien compris encore.

LA PRECIEUSE.

Se peut-il faire que votre noire Majesté ait la forme si enfoncée dans la matiere ?

PLUTON.

Ma foi, je ne vous entends pas ?

LA PRECIEUSE.

Quoi ! La dureté de votre compréhension ne peut être amollie par le concert éclatant des rares qualités de vos vertus sublimes ?

PLUTON.

Je ne sçais ce que c'est que tout cela, mais j'aurai soin de vous rendre justice. Passez sur les aîles de mon trône.

COMEDIE.

LA PRÉCIEUSE.

Quoi, Monarque enfumé, vous répandrez de vos propres bontés sur le gémissement de nos altercations ?

PLUTON.

Cela se pourra bien ; mais laissez-nous un peu travailler à d'autres jugemens. Minos, écris-la sur le rôle, & me fais ressouvenir de tout ce qu'elle a dit. Allons, que réponds-tu à cette accusation ?

MOLIERE.

Rien, & cette matiere est indigne de moi.

PLUTON.

Hé bien, que quelqu'un entre donc, on jugera tout ensemble.

CARON.

Allons, que le plus proche de la porte vienne.

SCENE VI.

LE MARQUIS, CARON, PLUTON, MINOS, RADAMANTE, MOLIERE.

PLUTON.

ÇA, qui est celui-ci ?

LE MARQUIS *à Moliere sur un ton de fausset.*

Ah, parbleu ! mon petit Monsieur, je suis bien-aise de vous trouver ici.

MOLIERE.

Qui es-tu, toi, pour me parler ainsi.

LE MARQUIS.

Je suis un de ces Marquis, mon ami, que vous tournez en ridicule.

MOLIERE

Et où sont les grands canons que je t'avois donnés ?

L'OMBRE DE MOLIERE,

CARON.

Ils sont restés à la porte, qui étoit trop étroite pour les faire passer.

PLUTON.

Çà, que demandez-vous ?

LE MARQUIS.

Je demande justice pour mes rubans, mes plumes, ma perruque, ma caléche, & mon fausset, qu'il a joués publiquement.

PLUTON.

Que réponds-tu ?

MOLIERE *chagrin.*

Rien.

PLUTON.

Aux autres; on vous jugera à loisir.

CARON *à l'entrée de la porte.*

Arrêtez donc, vous n'entrerez pas.

PLUTON.

Qu'est-ce ?

CARON.

C'est le plus fâcheux de tous nos morts. Un chasseur qui s'est cassé la tête sur son cheval Alezan, & qui ne parle à tout le monde que de gaulis, de gigots, de pieds, de croupe & d'encolure.

PLUTON.

Fais donc venir qui tu voudras. Je commence à me lasser de tout ceci.

CARON.

Entrez, vous.

PLUTON.

Çà, qu'est-ce encore que cette grosse ombre-ci ?

CARON.

C'est l'ombre d'un cocu.

PLUTON.

L'ombre d'un cocu ? Il faut que ce soit un corps. Parle, que veux-tu ?

SCENE VII.

LE COCU IMAGINAIRE, MOLIERE, PLUTON, CARON MINOS, RADAMANTE.

LE COCU.

VOus voyez en ma feule ombre tout le corps des Cocus : vous les voyez ici en moi, dis-je, affligés, outragés, & tout contrits des affronts publics que ce grand corps a reçus depuis que malicieusement cet ennemi juré de notre repos nous a rendus le jouet de tout le monde. Il n'eſt preſque aucun mari qui n'ait ſenti les traits piquans de ſa ſatyre ; & depuis qu'il s'eſt mêlé d'annexer le cocuage a de certains maris, il ſe voit peu de familles où l'on ne ſoit perſuadé de trouver des cocus de pere en fils. Ce ſoupçon outrageant eſt devenu par ſon moyen comme un titre de Maiſon ; & il en a excepté ſi peu de gens, que ſi je ne parle pour tout le monde, il ne s'en faut guére du moins. Voilà de quoi ſe plaint notre illuſtre corps, qui, avant ſa ſcandaleuſe médiſance, vivoit dans l'état de la première innocence. Chacun vivoit content de ſa petite réputation ; le ſcandale ne régnoit point publiquement comme il fait ; & ſi l'on avoit le malheur d'être cocu, on avoit du moins la douceur de l'être en ſon petit particulier. Mais depuis qu'il a dévoilé les myſteres ſecrets, ce n'eſt plus par-tout qu'une gorge chaude des pauvres maris. On en va à la moutarde, & pluſieurs honnêtes-gens même ont pris en dot le titre de cocus, en ſignant leur contrat de mariage. Si la diſcrétion des Notaires n'étoit grande, quelqu'un de ces Meſſieurs en pourroit parler avec beaucoup de ſûreté. Voilà le déſordre & le déréglement qu'il a mis en l'autre monde, dont nous demandons en celui-ci juſtice, vengeance, & réparation.

PLUTON à Moliere.

Qu'avez-vous à dire là-deſſus?

MOLIERE.

Rien; je paſſe condamnation pour les cocus, & j'ai trop mal réuſſi dans cette affaire pour me pouvoir défendre. Quelque ſoin que j'aie pris de faire horreur du cocuage, j'avoue de bonne-foi que c'eſt un vice dont je n'ai pu corriger mon ſiecle.

PLUTON.

Minos, mets-le ſur le rôle. Allez, on va vous écrire. Qu'eſt-ce? Qu'y a-t-il de nouveau?

SCENE VIII.

CARON, PLUTON, MOLIERE, MINOS, RADAMANTE.

CARON.

Je ne ſçais d'où nous eſt venu encore une plaiſante eſpece d'ombre: mais je crois, ſi l'on pouvoit trépaſſer deux fois, qu'elle feroit mourir de rire tous les morts d'ici-bas.

PLUTON.

Comment donc?

CARON.

Elle rit de tout, & ne s'afflige de rien, pas même d'être venue ici à la fleur de ſon âge.

PLUTON.

Cela eſt de bon ſens; y venir tôt ou tard, c'eſt toujours y venir; & comme l'uſage de la mort eſt un peu de durée, on fait bien de s'y accoutumer de bonne heure. Mais qui eſt-elle cette ombre?

CARON.

Ce n'eſt qu'une ſervante.

PLUTON.

N'importe, fais-là entrer, il faut entendre tout le monde.

CARON.

Allons, la rieuſe, entrez.

SCENE IX.

NICOLE, PLUTON, MOLIERE, MINOS, RADAMANTE, CARON.

MOLIERE.

AH! C'eſt Nicole.

NICOLE *riant à gorge déployée.*

Hé! Oüi, c'eſt moi. Quand j'ai appris que vous étiez ici, par ma figue, ai-je dit, en moi-même, il faut que j'aille voir ce pauvre homme qui m'a tant fait rire en l'autre monde.

MOLIERE.

Tu es donc bien-aiſe d'être en celui-ci, Nicole, puiſque tu ris ſi fort?

NICOLE.

C'eſt que vous m'avez appris à me moquer de tout : & puis franchement je ne ſuis pas trop fâchée d'être ici, & je ne trouve point que la mort ſoit ſi dégoûtante qu'on ſe l'imagine.

PLUTON.

Et d'où vient que tu t'accommodes ſi aiſément d'une choſe que les hommes trouvent ſi peu aimable ?

NICOLE.

C'eſt que je ne me ſoucïois guére de vivre.

PLUTON.

Quoi ! Tu n'étois pas bien aise de voir la lumiere.

NICOLE.

Non, car je ne faisois tous les jours que la même chose, dormir, boire, & manger ; & il me semble que le plaisir de la vie est de changer quelquefois. A cette heure, voulez-vous que je vous dise ! Il y a une certaine égalité parmi les morts qui ne me déplaît pas. Je ne vois personne ici qui soit plus grand Seigneur l'un que l'autre ; & j'ai pensé étouffer de rire, quand j'ai rencontré en venant mille sortes de gens qui se désespéroient. Un riche banquier pâle & maigre, qui endévoit de s'être laissé mourir de faim. Un amoureux qui s'étoit tué pour une maîtresse qui ne l'aimoit point. Un alchimiste qui enrageoit d'avoir passé sa vie en fumée ; mais, entr'autres choses, des Dames qui pleuroient de me voir assise auprès d'elles. D'autres qui s'affligeoient de n'avoir plus de toilettes, de miroirs, & de petites boëtes. Il n'y a rien de plus plaisant que de les voir sans rouge, sans mouches, & sans cheveux ; avec leur grand front chauve, leurs yeux creusés, & leurs joues décharnées, vous les prendriez pour des carêmes-prenans. Enfin la plus belle & la plus laide se ressemblent comme deux gouttes d'eau.

PLUTON.

Il n'est pas question de cela. Qu'avez-vous à dire contre l'accusé ?

NICOLE.

Moi ? Par ma figue, je n'ai rien à dire contre lui, c'est une bonne ombre ; & tenez, Monsieur Pluton, c'est peut-être la meilleure piece de votre sac.

PLUTON.

Que voulez-vous donc ?

NICOLE *riant*.

Monsieur, je viens vous prier....

PLUTON.

Hé ?

COMEDIE.

NICOLE riant.
Je viens vous prier, Monsieur...

PLUTON.
Et là dites donc?

NICOLE riant toujours.
Je viens vous prier, Monsieur... de me... laisser... de me laisser... de me laisser...

PLUTON la conterfaisant.
Et moi, ma mie, je vous prie de nous laisser... de nous laisser... de nous laisser... de nous laisser en repos, en repos, s'il vous plaît.

NICOLE éclatant de rire.
Monsieur, je vous prie.... s'il vous plaît... de m'accorder le plaisir... le plaisir de rire tout mon saoul, de vous, & de votre Royaume.

PLUTON.
Otez-moi cette impudente. Qu'est-ce encore? Je n'en veux plus entendre. Qu'on me laisse en repos; l'Audience est finie, & je vais prononcer.

CARON.
Hé, c'est l'ombre de Pourceaugnac, ce brave Limousin; elle n'a qu'un mot à vous dire.

PLUTON.
Hé bien qu'il entre. Ah, quelle peine! ne sera-ce jamais fait?

SCENE X.

POURCEAUGNAC, PLUTON, MOLIERE, RADAMANTE, MINOS, CARON.

POURCEAUGNAC.

Grand Roi des morts, vous me voyez ici, député de la part de tous les Limousins trépassés, qui vous demandent qu'il leur soit permis d'ajourner cette Ombre leur partie par-devant vous, à trois jours, pour se voir condamner à réparation d'honneur envers les Pourceaugnacs passés, présens, & futurs, tant des affronts reçus, que de ceux qu'ils recevront. A quoi je conclus.

PLUTON *à Moliere.*

Répondez.

MOLIERE.

Hé, Monsieur de Pourceaugnac! Quel sujet avez-vous de vous plaindre de moi? si vous preniez bien les choses, ne me loueriez vous pas, au lieu de me blâmer, d'avoir rendu votre nom aussi célebre que j'ai fait? Car, dites-moi un peu, ne vous ai-je pas déterré du fond du Limousin, & à force de tourmenter ma cervelle, ne vous ai-je pas amené dans la plus illustre Cour du monde? raisonnons un peu de bonne-foi; ne m'avez-vous pas quelque obligation de vous avoir fait faire un si beau voyage?

POURCEAUGNAC.

Hé.... Oui.

MOLIERE.

N'est-ce pas moi qui vous ai fait connoître?

POURCEAUGNAC.

D'accord.

COMEDIE.

MOLIERE.

Ne vous a-t-on pas vu avec beaucoup de plaifir ?

POURCEAUGNAC.

Cela eſt vrai, car chacun rioit dès qu'on me voyoit.

MOLIERE.

Vous a-t-on jamais banni des lieux publics ?

POURCEAUGNAC.

Au contraire, on y donnoit de l'argent pour me voir.

MOLIERE.

Et enfin n'ai-je pas rendu votre nom immortel par tout votre Royaume ?

POURCEAUGNAC.

Et comment immortel.

MOLIERE.

Comment ? & dès qu'il arrive en France quelqu'un qui ait tant ſoit peu de votre air, de vos gentilleſſes, & de vos petites façons de faire, fut-ce un Prince, ne dit-on pas : voilà un vrai Pourceaugnac? Et n'eſt-ce pas un honneur conſidérable pour vous, & pour votre Province, que votre nom quelquefois puiſſe ſervir d'une qualité aux gens de la haute naiſſance ?

POURCEAUGNAC.

Il a quelque raiſon au fonds.

MOLIERE.

Hé, prenons toujours les choſes du bon côté, n'allons point envenimer les intentions, & croyons tout à notre avantage. Je n'ai jamais rien fait qu'à votre honneur & gloire, & ſerois bien fâché, Monſieur de Pourceaugnac, que les choſes euſſent tourné autrement.

POURCEAUGNAC.

Ma foi, après tout je penſe en effet, que j'ai tort de m'être fâché contre lui. Qui diantre ſont les ſottes Ombres auſſi qui s'aviſent de me mettre des fariboles dans la tête ? allez, vous êtes des bêtes ; Monſieur eſt un honnête Ombre, qui a pris la peine de me faire connoître, & vous ne ſçavez pas pren-

L'OMBRE DE MOLIERE,

dre les choses du bon côté. Monsieur, je suis fâché de tout ceci, & je vous demande pardon pour les Ombres de Limoges. Je suis votre valet, tout à vous, votre serviteur & votre ami. Je vais chercher mon cousin l'Assesseur, & mon neveu le Chanoine, afin que nous buvions ensemble quelques verres d'oubli, pour ne nous plus souvenir du passé.

MOLIERE.
Adieu, Monsieur de Pourceaugnac.

PLUTON.
Messieurs, il est tard, & je vais lever le siége.

SCENE XI.

Madame JOURDAIN, PLUTON, MOLIERE, CARON, RADAMANTE, MINOS.

Madame JOURDAIN *toute essoufflée.*
Justice, justice, justice, justice, justice.

PLUTON.
Qui est-ce encore ici ? Je ne veux plus entendre personne, & je suis las de tant d'impertinences plaintes. Pourquoi l'as-tu laissé entrer ?

CARON.
Elle a forcé la porte.

PLUTON.
Prends donc bien garde aux autres, & qu'il n'en entre plus. Je n'ai jamais tant vu de canaille en un jour. Çà, que demandez-vous ?

Madame JOURDAIN *d'un air chagrin & brusque.*
Ce que je n'aurai pas.

COMEDIE.

PLUTON.
Que vous faut-il, hé ?

Madame JOURDAIN.
Il me faut ce qui me manque.

PLUTON.
Quelle nouvelle espece est-ce encore ici ? Dites-nous donc ce que vous avez ?

Madame JOURDAIN.
J'ai la tête plus grosse que le poing ; & si je ne l'ai pas enflée.

MOLIERE.
Ah ! C'est Madame Jourdain, je la reconnois. Et comment êtes-vous ici, Madame Jourdain ?

Madame JOURDAIN.
Sur mes pieds, comme une oie.

PLUTON.
Ah, quelle femme !

MOLIERE.
Vous venez vous plaindre de moi, n'est-ce pas, Madame Jourdain ?

Madame JOURDAIN.
Çamon ; j'aurois beau me plaindre, beau me plaindre j'aurois.

PLUTON.
Encore ?

MOLIERE.
Madame Jourdain est un peu en courroux.

Madame JOURDAIN.
Oui, Jean Ridoux.

PLUTON.
Courage. Hé bien, qu'avez-vous à me dire ?

Madame JOURDAIN.
Oui, qu'avez-vous à me frire.

PLUTON.
Diable soit la masque ! Que l'on me l'ôte d'ici, & que d'aujourd'hui personne ne me parle. Je suis las de tous ces extravagans, & me voilà dans une colere que je ne me sens pas. Qu'est-ce encore ? Qu'y

a-t-il? Que veut-on? Serai-je toujours troublé, persécuté, accablé d'affaires? Hé, quelle misere est ceci! A-t-on jamais vu un Dieu plus fatigué que moi?

Pluton se leve de son Tribunal.

SCENE XII.

CARON, PLUTON, MINOS, RADAMANTE, MOLIERE.

CARON.

GRand Roi....

PLUTON *marchant en colere.*

Non, je crois que tout cet embarras me fera renoncer à mon empire.

CARON.

Ce sont....

PLUTON.

Quoi, sans repos!

CARON.

Il y a....

PLUTON.

Sans plaisir!

CARON.

Ce sont.....

PLUTON.

Sans relâche! Non, je ne veux plus rien entendre. Que tout soit renversé, bouleversé, sens dessus dessous, je n'écoute personne, qu'on ne m'en parle plus.

CARON.

Ce sont des Médecins qui viennent d'arriver, & qui voudroient vous demander un moment d'audience.

COMEDIE.

PLUTON.

Des ?....

CARON.

Des Médecins.

PLUTON *courant se mettre sur son Tribunal.*

Des Médecins ! Oh ! Qu'on les fasse entrer. Ce sont nos meilleurs amis ; qu'ils viennent, qu'ils viennent ; d'honnêtes gens à qui je dois trop pour leur rien refuser. Ils ont augmenté le nombre de mes sujets, & je leur en dois sans doute une ample reconnoissance. Mais les voici.

SCENE XIII.

QUATRE MÉDECINS, PLUTON, RADAMANTE, MINOS, MOLIERE, CARON.

MOLIERE

AH ! Voici de mes gens. Ecoutons-les parler, & puis nous répondrons.

PLUTON.

Messieurs, soyez les bien venus. Vous visitez un Prince qui vous honore fort ; je sçais toutes les obligations que je vous ai, & que dans ce vaste empire des morts vous pouvez vous vanter avec raison d'y avoir aussi bonne part que moi : aussi en revanche de vos bons & fideles services, je ne prétends pas vous rien refuser. Demandez seulement.

1. MEDECIN.

Grand Monarque des morts, vous voyez ici la fleur de vos plus fideles pensionnaires.

2. MEDECIN *bredouillant.*

Jamais nous n'avons laissé échapper la moindre occasion de vous donner des marques de notre obéissance & fidélité.

L'OMBRE DE MOLIERE,

PLUTON.
J'en suis persuadé. L'Opium, l'émétique & la saignée m'ont rendu témoignage que vous m'avez fidelement servi.

3. MEDECIN.
Nous avons fait notre devoir.

PLUTON.
Beaucoup de gens sont venus ici de votre part, qui m'en ont assuré.

4. MEDECIN.
C'est avec plaisir que l'on sert un si grand Monarque.

PLUTON.
Je vous suis obligé, & j'ai bien de la joie de vous voir. Ce n'est pas que vous ne m'eussiez été encore un peu nécessaires là-haut ; & j'ai eu quelque chagrin quand les Parques m'ont dit que vous veniez ici : mais je m'en suis néanmoins consolé, lorsque j'ai appris que vous aviez laissé de grands enfans qui sçavoient assez bien leur métier, & que même il étoit déjà venu ici quelques morts de leurs amis, qui en avoient fait une expérience fort raisonnable. Mais que souhaitez-vous de moi ?

3. MEDECIN.
Nous venons vous demander justice d'un téméraire, qui prétend traiter la Médecine d'imposture & de charlatanerie.

PLUTON.
C'est donc quelqu'un qui la connoît ?

4. MEDECIN.
C'est une rage sans fondement, une simple avidité de tout satyriser, & une animosité envenimée par la seule envie d'écrire, & de former des cabales contre nous.

MOLIERE à part.
Je vous confondrai dans peu, superbes imposteurs.

3. MEDECIN.
Il s'est même déjà glissé jusques dans ces lieux une

médisance

COMÉDIE.

médisance secrete qui nous regarde. Tous les morts semblent se liguer contre nous ; il leur échappe des satyres piquantes, & des injures calomnieuses contre les Médecins, & nous venons ici, grand Monarque, vous remontrer humblement, de la part de notre illustre Corps, de quelle importance il est, pour l'accroissement de votre Empire, que vous réprimiez l'audace & l'insolence de tous ces morts.

PLUTON.

On apprendra à vivre à ces morts-là. J'entends & je prétends qu'on vous regarde comme les plus fermes appuis de mon Etat. Mais qui sont ces morts-là qui ont l'impudence d'aller gâter votre métier ? Nommez, nommez-les moi. J'en veux faire un bon exemple.

4. MEDECIN.

C'est un nombre infini de petits esprits qui se sont laissés emporter au torrent, & qui n'ont poussé leurs plaintes que comme les échos qui répetent les peines des autres sans les avoir senties. Mais c'est à l'auteur de nos maux que nous en voulons, c'est à celui qui, comme un nouveau Caton, s'est venu déchaîner contre nous, & qui, après le mépris évident qu'il a fait de notre illustre Corps, a poussé son audace encore jusqu'à nous tourner en ridicule, en nous rendant la fable & la risée du public. C'est cette Ombre, en un mot, cet insolent fléau de notre Faculté, dont nous vous demandons une vengeance authentique.

PLUTON à Moliere.

Répondez.

MOLIERE.

C'est donc à moi à qui vous en voulez, Messieurs ? Vous demandez vengeance du mépris que j'ai fait de votre illustre Corps : je vous ai tournés en ridicules, je vous ai rendus la fable & la risée du public. Hé bien, il faut répondre, & tracer plus naturellement vos traits, afin de vous bien faire

Tome VIII. K

connoître. Pluton, je jure ici par le respect que je te dois, que ce n'est point contre ce grand art de la Médecine que je prétends me déchaîner. J'en adore l'étude, j'en révere la judicieuse pratique, mais j'en abhorre & déteste le pernicieux & méchant usage qu'en font par leur négligence des fourbes ignorans, que la seule robe fait appeller Médecins ; & ce n'est qu'à ceux qui abusent de ce nom que je vais répondre.

PLUTON.

Ah ! Voici une conversation raisonnable celle-ci.

MOLIERE.

Imposteurs ! Qui peut mieux prouver votre ignorance, & l'incertitude de vos projets, que vos contrariétés perpétuelles ? Vous trouvez-vous jamais d'accord ensemble ? Et jusqu'à vos moindres Ordonnances, a-t-on jamais vu un Médecin suivre celle de l'autre, sans y ajouter ou diminuer quelque chose ? Quant à leurs opinions, elles sont encore plus différentes que leurs pratiques. Les uns disent que la cause des maux est dans les humeurs, les autres dans le sang. Quelques-uns, par un pompeux galimathias, l'imputent aux atômes invisibles, qui en rent par les pores. Celui-ci soutient, que les maladies viennent du défaut des forces corporelles : celui-là, qu'elles procédent de l'inégalité des élémens du corps, & de la qualité de l'air que nous respirons, ou de l'abondance, crudité, & corruption de nos alimens. Ah ! que cette diversité d'opinions marque bien l'ignorance des Médecins, mais encore plus la foiblesse ou la témérité des malades qui s'abandonnent aux agitations de tant de vents contraires !

PLUTON *aux Médecins.*

Messieurs, hé ?

MOLIERE.

Ce qu'ils ont de plus unanime dans leur école, & où ils s'entendent le mieux, c'est que tous tant qu'ils font, nous assurent que dans la composition d'une médecine, une chose purge le cerveau, celle-ci échauffe l'estomac, celle-là rafraîchit le foie, & font partir un breuvage à bride abattue, comme si dans ce mélange chaque remede portoit son étiquette, & que tous n'allassent pas ensemble séjourner au même lieu. Il faut que ces Messieurs soient bien assurés de l'obéissance & de la sagesse de leurs drogues; car enfin, si par mégarde l'une alloit prendre le chemin de l'autre, & que la partie qui doit être échauffée vint par méprise à être refroidie, voyez un peu où le pauvre malade en seroit.

PLUTON.

Messieurs, hé ?

MOLIERE.

Mais quoi, les imposteurs abusant de l'occasion, usurpent effrontément une autorité tyrannique sur des pauvres ames affoiblies & abattues par le mal, & par la crainte de la mort. Ils prennent si bien leur avantage de nos foiblesses, que de notre aveu même, dans ce dangereux moment, ils hasardent effrontément aux dépens de nos vies toutes les épreuves que leur suggerent leurs ambitieuses imaginations. Les scélérats osent tout tenter, sur cette confiance que le soleil éclairera leur succès, & que la Terre couvrira leurs fautes.

PLUTON.

Messieurs, hé ?

MOLIERE.

Il me souvient ici, avec quelque douleur, de la foiblesse d'un de mes amis, qui s'étoit sottement confié par leurs noires séductions à l'expérience d'un remede. Deux heures après l'avoir pris, le Médecin qui l'avoit ordonné lui en vint demander l'effet, & comme il s'en étoit trouvé ? J'ai fort sué, lui répondit le malade. Cela est bon, dit le Médecin. Trois heures ensuite il lui vint demander comment il s'étoit porté depuis ? J'ai senti, dit le pa-

K 2

tient, un froid extrême, & j'ai fort tremblé. Cela est bon, poursuivit le charlatan. Et sur le soir, pour la troisième fois, il revint s'informer encore de l'état où il se trouvoit ? Je me sens, dit le malade, enfler par-tout, comme d'hydropisie. Tout cela est bien, répondit le bourreau. Le lendemain j'allai voir ce pauvre malade ; & lui ayant demandé en quel état il étoit ? Hélas ! mon cher ami, dit-il, en rendant le dernier soupir, à force d'être bien, je sens que je meurs. Ah ! m'écriai-je alors tout percé de douleur, qu'heureux sont les animaux que la simple nature sçait guérir sans le secours de leurs consultations ! Que l'être brutal seroit à souhaiter quand on devient malade ! Mais aussi qu'il seroit à craindre, s'il se trouvoit autant de Médecins parmi les bêtes, que de bêtes parmi les Médecins.

PLUTON,
Messieurs ?

MOLIERE.
Qu'ils se plaignent maintenant de moi ; & que ton équité, grand Monarque, paroisse dans tes jugemens.

SCENE DERNIERE.
CARON, LES OMBRES, PLUTON, RADAMANTE, MINOS, MOLIERE, QUATRE MÉDECINS.

CARON.

OH, je n'y puis plus tenir. Depuis que je conduis la barque je n'ai jamais tant vu de morts pour un jour ; &, si vous n'y venez donner ordre, je ne sçais pas ce que nous en ferons.

PLUTON.
Comment ? Nous avons donc bien des gens ?

COMEDIE.
CARON.
Tout crevé à la porte.
PLUTON.
Puisque nous avons tant de morts ici-bas, il faut qu'il y ait encore bien des Médecins là-haut. Mais qu'ils attendent à un autre jour ; je ne juge d'aujourd'hui, & voici ma derniere Sentence. Retirez-vous un peu, que je prenne les opinions. Minos qu'en dis-tu ?
MINOS.
Moi ? Que cette Ombre est de bon sens, & qu'elle mérite bien quelque jugement avantageux.
RADAMANTE.
Il n'y a qu'honneur à juger en sa faveur.
PLUTON.
J'en demeure d'accord ; mais aussi les obligations que nous avons à ces Messieurs, m'embarrassent ; & je crois qu'un arbitrage conviendroit mieux à cette affaire, qu'un jugement dans les formes. Ne trouvez-vous point à propos de leur proposer un accommodement ?
MINOS.
Eh, oüi-dà, car il est vrai que nous avons quelques mesures à garder avec la Faculté.
RADAMANTE.
Je suis de cet avis.
PLUTON.
Je m'en vais leur parler. Çà, Messieurs, qu'est-ce ? N'y a-t-il pas moyen de vous rapatrier ? Je vois de part & d'autre que les raisons peuvent subsister : d'accord ; mais à les bien peser, entre nous, la balance penchera de son côté ; &, sans l'alliance jurée entre nous, franchement, Messieurs, vous seriez tondus. C'est pourquoi, si vous m'en croyez, tâchez de vous accommoder ensemble ; & pour faciliter l'affaire, j'aime mieux relâcher de mes intérêts, & consentir que vous m'en envoyiez quelques millions de moins qu'à l'ordinaire,

K 3

LES MEDECINS.
Quoi ? Notre ennemi juré ! Non, non...
PLUTON.
Oh, oh ! Meſſieurs, ſi vous n'êtes contens, prenez des cartes ; j'y perds plus que vous, & ſi je ne me plains pas.
LES MEDECINS.
Quoi, Pluton !
PLUTON.
Quoi ! Vos Ombres téméraires m'oſent répliquer, moi qui puis vous faire évanouir d'un ſouffle ſeulement ?
LES MEDECINS.
Nous demandons juſtice, juſtice.
PLUTON.
Encore ? Ah ! Je m'en vais ſouffler. Fu, fu.
Mais il eſt tems de prononcer
En quel endroit je dois placer
Ton ombre avecque ta mémoire.
Que la poſtérité t'en choiſiſſe le lieu,
Et tandis qu'elle ira travailler à ta gloire,
Entre TERENCE *&* PLAUTE *occupe le milieu.*

On fait un carillon avec des cloches qui s'accordent avec les violons.
CARON.
Meſſieurs, Pluton ſe va coucher, ſon bonnet de nuit l'attend. Vous avez oui la retraite. Bon ſoir.

FIN.

EXTRAITS
DE DIVERS
AUTEURS,

Contenant plusieurs particularités de la vie de M. Moliere ; & des jugemens sur quelques-unes de ses Pieces.

EXTRAIT DES RÉFLEXIONS sur la Poétique, par le P. Rapin, dans lesquelles sont des jugemens sur la Comédie en général, & sur M. Moliere en particulier.

A Comédie est une image de la vie commune ; sa fin est de montrer sur les Théatre les défauts des particuliers, pour guérir les défauts du public ; & de corriger le peuple par la crainte d'être moqué. Ainsi le ridicule est ce qu'il y a de plus essentiel à la Comédie. Il y a un ridicule dans les paroles, & un ridicule dans les choses : un ridicule honnête, & un ridicule bouffon : c'est un don purement

de la nature, que de trouver le ridicule de chaque chofe ; car toutes les actions de la vie ont leur beau & leur mauvais côté, leur plaifant & leur férieux. Mais Ariftote, qui donne des préceptes pour faire pleurer, n'en donne point pour faire rire. Cela vient purement du génie, l'art & la méthode y ont peu de part ; c'eft l'ouvrage du naturel. Les Efpagnols ont le génie de voir le ridicule des chofes bien mieux que nous ; & les Italiens qui font naturellement Comédiens, l'expriment mieux : leur langue y eft plus propre que la nôtre, par l'air badin qu'elle a de dire ce qu'elle dit : la nôtre peut en devenir capable, quand elle fe fera encore plus perfectionnée. Enfin ce tour agréable, cet enjouement qui fçait foutenir la délicateffe de fon caractere, fans tomber dans la froideur, ni dans la bouffonnerie ; cette raillerie fine, qui eft la fleur du bel efprit, eft le talent que demande la Comédie. Il faut toutefois obferver que le vrai ridicule de l'art, qu'on cherche fur le Théatre, ne doit être que la copie du ridicule qui eft dans la nature. La Comédie eft comme elle doit être, quand on croit fe trouver dans une compagnie du quartier, ou dans une affemblée de famille, étant au Théatre ; & qu'on y voit que ce qu'on voit dans le monde : car elle ne vaut du tout rien dès qu'on ne s'y reconnoît point, & dès qu'on n'y voit pas les manieres & celles des perfonnes avec qui l'on vit. Ménandre n'a réuffi que par-là parmi les Grecs, & les Romains penfoient être en converfation, quand ils affiftoient aux Comédies de Térence ; car ils n'y trouvoient rien que ce qu'ils avoient coutume de trouver dans les compagnies ordinaires. C'eft le grand art de la Comédie de s'attacher à la nature, & de n'en fortir jamais ; d'avoir des fentimens communs, & des expreffions qui foient à la portée de tout le monde. Car il faut bien fe mettre dans l'efprit, que les traits les plus groffiers de la nature, quels qu'ils soient, plaisent toujours davantage que les traits les plus délicats qui sont hors du naturel. Néanmoins les termes bas & vulgaires ne doivent pas être permis sur le Théatre, s'ils ne sont soutenus de quelque sorte d'esprit. Les proverbes & les bons mots du peuple n'y doivent pas aussi être soufferts, s'ils n'ont quelque sens plaisant, & s'ils ne sont naturels. Voilà le principe le plus naturel de la Comédie ; par-là tout ce qu'elle représente ne peut manquer de plaire, & sans cela rien ne plaît. Ce n'est qu'en s'attachant à la nature, qu'on parvient à exprimer la vraisemblance, qui est le seul guide infaillible qu'on puisse suivre au Théatre. Sans la vraisemblance, tout est défectueux ; avec elle tout est beau, on ne s'égare jamais en la suivant ; & les défauts les plus ordinaires de la Comédie viennent de ce que les bienséances n'y sont pas gardées, ni les incidens assez préparés. Il faut même bien prendre garde que les couleurs dont on se sert pour préparer les incidens n'aient rien de grossier, pour laisser au spectateur le plaisir de trouver lui-même ce qu'elles signifient. Mais le foible le plus ordinaire de nos Comédies, est le dénouement ; on n'y réussit presque jamais, par la difficulté qu'il a à dénouer heureusement ce qu'on a noué. Il est aisé de lier une intrigue, c'est l'ouvrage de l'imagination ; mais le dénouement est tout pur du jugement ; c'est ce qui en rend le succès difficile ; & si l'on veut y faire un peu de réflexion, on trouvera que le défaut le plus universel des Comédies est que la catastrophe n'en est pas naturelle.

Il reste à examiner si l'on peut faire dans la Comédie des images plus grandes que le naturel, pour toucher davantage l'esprit des spectateurs par de plus grands traits, & par des impressions plus fortes ; c'est-à-dire, si le Poëte peut faire un avare plus avare, & un fâcheux plus impertinent & plus incommode qu'il n'est ordinairement. A quoi je réponds que Plaute, qui vouloit plaire au peuple, l'a fait ainsi ; mais Térence, qui vouloit plaire aux honnêtes-gens, se renfermoit dans les bornes de la nature, & il representoit les vices sans les grossir & sans les augmenter. Toutefois ces caracteres outrés, comme celui du *Bourgeois Gentilhomme* & du *Malade imaginaire* de Moliere, n'ont pas laissé de réussir depuis peu à la Cour, où l'on est si délicat : mais tout y est bien reçu, jusqu'aux divertissemens de Province, quand ils ont quelque air de plaisanterie ; on y aime à rire plus qu'à admirer ; ce sont-là les regles les plus importantes de la Comédie. Voici ceux qui y ont réussi.

Les principaux parmi les Grecs sont Aristophane & Ménandre ; les principaux parmi les Latins, sont Plaute & Térence. Aristophane n'est point exact dans l'ordonnance de ses fables ; ses fictions ne sont pas assez vraisemblables ; il joue les gens grossiérement & trop à découvert. Socrate, qu'il raille si fort dans ses Comédies, avoit un air de raillerie plus délicat que lui, & il n'étoit pas si effronté. Il est vrai qu'Aristophane écrivoit encore dans le désordre & dans la licence de la vieille Comédie, & qu'il avoit reconnu l'humeur du peuple d'Athenes, qui se choquoit aisément du mérite des gens extraordinaires, dont il plaisantoit : mais la trop grande envie qu'il avoit de plaire à ce peuple en jouant les honnêtes-gens, le rendit lui-même un mal-honnête-homme, & gâta un peu le génie qu'il avoit de railler, par des manieres rudes & outrées. Après tout il ne faisoit souvent le plaisant que par des goinfreries : ce ragoût composé de septante-six syllabes dans la derniere Scene de la Comédie des Harangueuses, ne seroit pas au goût de notre siecle. Son langage est quelquefois obscur, embarrassé, bas, trivial ; & ses allusions fréquentes de mots, ses contradictions de termes opposés les uns aux autres, ses mélanges de style, du tragique & du comique, du sérieux & du bouffon, du grave & du familier sont fades ; & ses plaisanteries, à les examiner de près, sont souvent fausses. Ménandre est plaisant d'une maniere plus honnête ; son style est pur, net, élevé, naturel ; il persuade en Orateur, & il instruit en Philosophe ; &, si l'on peut former un jugement juste sur les fragmens qui nous restent de cet Auteur, on trouvera qu'il fait des portraits fort agréables de la vie civile, qu'il fait parler les gens dans leurs caracteres ; qu'on se reconnoît dans les peintures qu'il fait des mœurs, parce qu'il s'attache à la nature, & entre dans les sentimens des personnes qu'il fait parler. Enfin Plutarque, dans la comparaison qu'il a faite de ces deux Auteurs, dit que la Muse d'Aristophane ressemble à une femme effrontée, & celle de Ménandre ressemble à une honnête-femme. Pour les deux Poëtes comiques Latins, Plaute est ingénieux dans ses desseins, heureux dans ses imaginations, fertile dans l'invention : il ne laisse pas que d'avoir de méchantes plaisanteries au goût d'Horace ; & ses bons mots, qui faisoient rire le peuple, faisoient quelquefois pitié aux honnêtes gens ; il est vrai qu'il en dit des meilleures du monde, mais il en dit souvent de fort méchantes ; c'est à quoi on est sujet, quand on veut trop faire le plaisant ; on tâche à faire rire par des expressions outrées, & par des hyperboles, quand on ne peut pas réussir à faire rire par les choses. Plaute n'est pas tout-à-fait si régulier dans l'ordonnance de ses Pieces, ni dans la distribution de ses Actes, que Térence ; mais il est aussi plus simple dans ses sujets : car les fables de Térence sont d'ordinaire composées, comme on voit dans l'*Andrienne*, qui contient deux amours. C'est ce qu'on representoit à Térence, qu'il faisoit une Comédie Latine de deux Greques, pour animer davantage son Théatre ; mais aussi les dénouemens de

Térence sont plus naturels que ceux de Plaute, comme ceux de Plaute sont plus naturels que ceux d'Aristophane; & quoique César appelle Térence un diminutif de Ménandre, parce qu'il n'a que de la douceur & de la délicatesse, & qu'il n'a pas de force & de vigueur; il a écrit d'une maniere & si naturelle & si judicieuse, que de copie qu'il étoit, il est devenu original : car jamais Auteur n'a eu un goût plus pur de la nature. Je ne dirai rien de Cécilius, dont il ne nous est resté que des fragmens : on sçait de lui tout au plus ce qu'en dit Varron : qu'il étoit heureux dans les sujets qu'il prenoit. Mais jamais personne n'a eu un génie plus grand pour la Comédie que Lopez de Véga, Espagnol : il avoit une fertilité d'esprit jointe à une grande beauté de naturel, & à une facilité admirable : car il a composé plus de trois cens Comédies; son seul nom faisoit l'éloge de ses Pieces, tant sa réputation étoit établie; & c'étoit assez qu'un Ouvrage sortît de ses mains, pour mériter l'approbation du public. Il avoit l'esprit trop vaste pour l'assujétir à des regles, & pour lui donner des bornes; ce fut ce qui l'obligea de s'abandonner à son génie, parce qu'il en étoit toujours sûr; il ne consultoit point d'autre Commentaire quand il composoit, que le goût de ses auditeurs; & il se régloit plus sur le succès de ses Pieces, que sur la raison. Ainsi, il se défit de tous les scrupules de l'unité, & des superstitions de la vraisemblance. Mais comme il veut d'ordinaire rafiner sur le ridicule, & être trop plaisant, ses imaginations sont souvent plus heureuses qu'elles ne sont justes, & elles sont plus folles qu'elles ne sont naturelles; car par trop de subtilité sur la plaisanterie, son enjouement devient faux à force d'être trop délicat : & ses graces deviennent froides, pour être trop fines. Personne n'a aussi porté le ridicule de la Comédie plus loin parmi nous que Moliere : car les anciens Poëtes comiques n'ont que des valets pour des plaisans de leur Théatre ; & les plaisans du Théatre de Moliere sont les Marquis & les Gens de qualité. Les autres n'ont joué dans la Comédie que la vie bourgeoise & commune, & Moliere a joué tout Paris & la Cour. Il est le seul parmi nous qui ait découvert ces traits de la nature qui la distinguent, & qui la font connoître : les beautés des portraits qu'il fait sont si naturelles, qu'elles se font sentir aux personnes les plus grossieres ; & le talent qu'il avoit à plaisanter s'étoit renforcé de la moitié par celui qu'il avoit de contrefaire. Son *Misanthrope* est, à mon sens, le caractere le plus achevé, & ensemble le plus singulier qui ait jamais paru sur le Théatre ; mais l'ordonnance de ses Comédies est toujours défectueuse en quelque chose, & ses dénouemens ne sont point heureux. C'est tout ce qu'on peut observer en général sur la Comédie.

EXTRAIT DES JUGEMENS
des Sçavans de M. Baillet, sur les Poëtes, No. 1520, imprimé à Paris en 1686.

IL faut convenir que personne n'a reçu de la nature plus de talens que M. Moliere, pour pouvoir jouer tout le genre-humain, pour trouver le ridicule des choses les plus sérieuses, & pour l'exposer avec finesse & naïveté aux yeux du public ; c'est en quoi consiste l'avantage qu'on lui donne sur tous les Comiques modernes, sur ceux de l'ancienne Rome, & sur ceux même de la Grece.

Pour devancer les autres comme il a fait, il s'est cru obligé de prendre une autre route qu'eux ; il s'est appliqué particuliérement à connoître le génie des Grands, & de ce qu'on appelle le beau monde ; au lieu que les autres se sont souvent bornés à la connoissance du peuple. Les anciens Poëtes, dit le P. Rapin, n'ont que des Valets pour les plaisans de leur Théatre ; & les plaisans du Théatre de Moliere sont les Marquis & les gens de qualité. Les autres n'ont joué dans la Comédie que la vie bourgeoise & commune, & Moliere a joué tout Paris & la Cour. Ce même Pere prétend que Moliere est le seul parmi nous qui ait découvert ces traits de la nature qui la distinguent, & qui la font connoître. Il ajoute que les beautés des portraits qu'il fait sont si naturelles, qu'elles se font sentir aux personnes les plus grossieres ; & que le talent qu'il avoit à plaisanter, s'étoit renforcé de moitié par celui qu'il avoit de contrefaire.

C'est par ce moyen qu'il a sçu réformer les défauts de la vie civile, & de ce qu'on appelle le train de ce monde, & c'est sans doute ce qu'a voulu louer en lui le P. Bouhours, par le jugement avantageux qu'il semble en avoir fait dans le monument qui suit, qu'il adresse à sa mémoire:

Ornement du Théatre, incomparable Acteur,
    Charmant Poëte, illustre Auteur,
    C'est toi dont les plaisanteries
Ont guéri des Marquis l'esprit extravagant.
    C'est toi qui, par tes momeries,
As réprimé l'orgueil du Bourgeois arrogant.

    Ta Muse en jouant l'Hypocrite,
    A redressé les faux Dévots :
    La précieuse à tes bons mots
    A reconnu son faux mérite.
    L'homme ennemi du genre-humain,
    Le campagnard, qui tout admire.
    N'ont pas lu tes écrits en vain ;
Tous deux se sont instruits, en ne pensant qu'à rire.

En vain tu réformas & la Ville & la Cour ;
    Mais quelle en fut ta récompense ?
    Les François rougiront un jour
    De leur peu de reconnoissance.

> Il leur falloit un Comédien
> Qui mît à les polir son art & son étude ;
> Mais, Moliere, à ta gloire il ne manqueroit rien,
> Si, parmi leurs défauts, que tu peignis si bien,
> Tu les avois repris de leur ingratitude.

Voilà ce qu'on peut raisonnablement exiger d'un Critique judicieux, qui n'a pu refuser la justice que l'on doit à tout le monde, & qui n'a point cru devoir blâmer des qualités qui sont véritablement estimables, non-seulement parce qu'elles viennent de la nature, mais encore parce qu'elles ont été cultivées & polies par le travail & l'industrie particuliere du Poëte.

M. Despréaux persuadé du mérite de Moliere, du moins autant que le P. Bouhours, semble n'avoir pas été du sentiment de ce Pere sur le peu de reconnoissance que le public a témoigné pour tous ses services après sa mort. Il prétend au contraire que l'on n'a bien reconnu son mérite qu'après qu'il eut joué le dernier rôle de sa vie, & que l'on a beaucoup mieux jugé du prix de ses Pieces en son absence, que lorsqu'il étoit present : c'est ce qu'il marque à M. Racine, lorsqu'il lui dit que,

> Avant qu'un peu de terre, obtenu par priere,
> Pour jamais sous la tombe eût enfermé Moliere,
> Mille de ces beaux traits, aujourd'hui si vantés,
> Furent des sots esprits, à nos yeux rebutés.
> L'ignorance & l'erreur, à ses naissantes pieces,
> En habits de Marquis, en robes de Comtesses,
> Venoient pour diffamer son chef d'œuvre nouveau ;
> Et secouoient la tête à l'endroit le plus beau.
> Le Commandeur vouloit la Scene plus exacte,
> Le Vicomte indigné sortoit au second Acte.
> L'un, défenseur zelé des bigots mis en jeu,
> Pour prix de ses bons mots, le condamnoit au feu.
> L'autre, fougueux Marquis, lui déclarant la guerre,
> Vouloit venger la Cour, immolée au parterre.
> Mais si-tôt que, d'un trait de ses fatales mains,
> La Parque l'eût rayé du nombre des humains,
> On reconnut le prix de sa Muse éclipsée.

Toute la Comédie avec lui terrassée,
En vain d'un coup si rude espéra revenir,
Et, sur des brodequins, ne peut plus se tenir.

M. Boileau prétend qu'il étoit également bon Auteur & bon Acteur; que rien n'est plus plaisamment imaginé que ses pieces ; qu'il ne s'est pas contenté de posséder simplement l'art de la bouffonnerie, comme la plupart des autres Comédiens, mais qu'il a fait voir, quand il lui a plu, qu'il étoit assez sérieusement sçavant. Mademoiselle le Fevre (*depuis Madame Dacier*) trouve qu'il avoit beaucoup de génie & des manieres de Plaute & d'Aristophane.

M. Despréaux, qui par une prudence toute particuliere, ayant commencé son portrait de son vivant, ne voulut l'achever qu'après sa mort, releve extraordinairement cette facilité merveilleuse qu'il avoit pour faire des vers ; & s'adressant à lui-même, il lui dit avec une franchise des premiers siecles,

Que sa fertile veine
Ignore en écrivant le travail & la peine ;
Qu'Apollon tient pour lui tous ses trésors ouverts,
Et qu'il sçait à quel coin se marque les bons vers.
Que s'il veut une rime, elle vient le chercher,
Qu'au bout du vers jamais on ne le voit broncher,
Et, sans qu'un long détour l'arrête ou l'embarrasse,
A peine a-t-il parlé qu'elle-même s'y place.

Le même Auteur voyant Moliere au tombeau, dépouillé de tous les ornemens extérieurs, dont l'éclat avoit ébloui les meilleurs yeux, durant qu'il paroissoit lui-même sur son Théatre, remarqua plus facilement ce qui avoit tant imposé au monde ; c'est-à-dire, ce caractere aisé & naturel, mais un peu trop populaire, trop bas, trop plaisant, & trop bouffon. Ce Comédien, dit-il,

Peut-être de son art eût remporté le prix,
Si, moins ami du peuple en ses doctes peintures,
Il n'eût point fait souvent grimacer ses figures ;
Quitté, pour le bouffon, l'agréable & le fin,

Et fans honte à Térence allié Tabarin,
Dans ce fac ridicule où Scapin s'envelope,
Je ne reconnois plus l'Auteur du Mifanthrope.

Monfieur Pradon, qui s'eft imaginé que par cette légere cenfure on avoit voulu profiter de la mort du lion pour lui tirer les poils, prétend que Moliere n'eft pas fi défiguré dans le *Scapin*, qu'on ne l'y puiffe reconnoître. Il dit qu'il n'a pas prétendu faire dans *Scapin* une fatyre fine comme dans le *Mifanthrope*. Scapin, felon lui, eft une plaifanterie qui ne laiffe pas d'avoir fon fel & fes agrémens, comme le *Mariage forcé*, ou les *Médecins*; à dire vrai ces Pieces font fort inférieures au *Mifanthrope*, à *l'Ecole des Femmes*, au *Tartuffe*, & à fes grands coups de Maître; mais elles ne font pourtant pas d'un écolier, & l'on y trouve toujours une certaine fineffe répandue, que le feul Moliere en avoit pour en affaifonner les moindres ouvrages.

Monfieur Defpréaux & M. Pradon ne font pas les feuls qui aient parlé dans leurs écrits du *Mifanthrope* de Moliere, comme de fon chef-d'œuvre; le P. Rapin nous fait connoître qu'il eft auffi dans le même fentiment, & il eft allé même encore plus loin que ces deux critiques, lorfqu'il dit qu'à fon fens, c'eft le plus achevé, & le plus fingulier de tous les ouvrages comiques qui aient jamais paru fur le Théâtre.

Au refte, quelque capable que fût Moliere, on prétend qu'il ne fçavoit pas même fon Théâtre tout entier, & qu'il n'y a que l'amour du peuple qui ait pu le faire abfoudre d'une infinité de fautes; auffi peut-on dire qu'il fe foucioit peu d'Ariftote & des autres Maîtres, pourvu qu'il fuivît le goût de fes Spectateurs, qu'il reconnoiffoit pour fes uniques Juges.

Le P. Rapin prétend que l'ordonnance de fes Comédies eft toujours défectueufe en quelque chose, & que ses dénouemens ne sont point heureux.

Il faut avouer qu'il parloit assez bien François, qu'il traduisoit passablement l'Italien, qu'il ne copioit pas mal ses Auteurs ; mais on dit, peut-être trop légérement, qu'il n'avoit point le don de l'invention, ni le génie de la belle Poésie, quoique ses amis mêmes convinssent, que dans toutes ses Pièces, le Comédien avoit plus de part que le Poëte, & que leur principale beauté consistoit dans l'action.

EXTRAIT DES ELOGES des hommes illustres de ce siecle, par M. Pérault, imprimés à Paris en 1696, page 79.

JEAN-BAPTISTE POQUELIN MOLIERE.

Moliere naquit avec une telle inclination pour la Comédie, qu'il ne fut pas possible de l'empêcher de se faire Comédien. A peine eut-il achevé ses études, où il réussit parfaitement, qu'il se joignit avec plusieurs jeunes gens de son âge & de son goût, & prit la résolution de former une Troupe de Comédiens, pour aller dans les Provinces jouer la Comédie. Son pere, bon Bourgeois de Paris, & Tapissier du Roi, fâché du parti que son fils avoit pris, le fit solliciter par tout ce qu'il avoit d'amis, de quitter cette pensée, promettant, s'il vouloit revenir chez lui, & de lui acheter une Charge telle qu'il la souhaiteroit, pourvu qu'elle n'excédât pas ses forces. Ni les prieres, ni les remontrances, ni ces promesses, ne purent rien sur son esprit. Ce bon pere lui envoya ensuite le Maître chez qui il l'avoit mis en pension pendant les premieres années de ſes études, eſpérant que par l'autorité que ce maître avoit eue ſur lui pendant ces tems-là, il pourroit le ramener à ſon devoir. Mais bien loin que le maître lui perſuadât de quitter la profeſſion de Comédien, le jeune Moliere lui perſuada d'embraſſer la même profeſſion, & d'être le Docteur de leur Comédie ; lui ayant repréſenté que le peu de Latin qu'il ſçavoit le rendoit capable d'en bien faire le perſonnage, & que la vie qu'ils meneroit ſeroit plus agréable que celle d'un homme qui tient des penſionnaires.

Sa Troupe étant formée, il alla jouer à Rouen, & delà à Lyon, où ayant plu au Prince de Conty, qui jeune alors, & non encore dans les ſentimens de piété qui l'ont porté à écrire ſi ſolidement, & ſi chrétiennement contre la Comédie, les prit pour ſes Comédiens, & leur donna des appointemens. Delà ils vinrent à Paris, où ils jouerent devant le Roi & toute la Cour. Il eſt vrai que la Troupe ne réuſſit pas cette premiere fois ; mais Moliere fit un compliment au Roi, ſi ſpirituel, ſi délicat, & ſi bien tourné & joua ſi bien ſon rôle dans la petite Comédie qu'il donna enſuite de la grande, qu'il emporta tous les ſuffrages, & obtint la permiſſion de jouer à Paris. Il ſatisfit fort le Public, ſur-tout par les Pieces de ſa compoſition, qui étant d'un genre tout nouveau, attirerent une grande affluence de Spectateurs.

Juſques-là il y avoit eu de l'eſprit & de la plaiſanterie dans nos Comédies ; mais il y ajouta une grande naïveté, avec des images ſi vives des mœurs de ſon ſiecle, & des caracteres ſi bien marqués, que les repréſentations ſembloient moins être des Comédies, que la vérité même ; chacun s'y reconnoiſſoit, & plus encore ſon voiſin, dont on eſt plus aiſé de voir les défauts que les ſiens propres. On y prit un plaiſir ſingulier ; & même on peut dire qu'elles furent d'une grande utilité pour bien des gens.

Moliere avoit remarqué que les François avoient

deux défauts bien confidérables : l'un, que prefque tous les jeunes gens avoient du dégoût pour la profeſſion de leurs peres, & que ceux qui n'étoient que Bourgeois, vouloient vivre en Gentilshommes, & ne rien faire ; ce qui ne manque point de les ruiner en peu de tems. Et l'autre, que les femmes avoient une violente inclination à devenir, ou du moins à paroître ſçavantes ; ce qui ne s'accorde point avec l'eſprit du ménage, fi néceſſaire pour conſerver le bien dans les familles. Il s'attacha à jetter du ridicule ſur ces deux vices ; ce qui a eu un effet beaucoup au-delà de tout ce qu'on pouvoit en eſpérer. Il compoſa deux Pieces contre le premier de ces déſordres, dont l'une eſt intitulée *le Bourgeois Gentilhomme*, & l'autre, *le Marquis de Pourceaugnac*. Il y a apparence que les jeunes gens en profitérent ; du moins s'apperçut-on que les airs outrés de Cavalier qu'ils ſe donnoient diminuerent à vue d'œil. Contre le défaut qui regarde les femmes ; il fit auſſi deux Comédies ; l'une intitulée *les Précieuſes ridicules*, & l'autre *les Femmes ſçavantes*. Ces Comédies firent tant de honte aux Dames qui ſe piquoient trop de bel eſprit, que toute la nation des Précieuſes s'éteignit en moins de quinze jours, ou du moins elles ſe déguiſérent fi bien là-deſſus, qu'on n'en trouva plus ni à la Cour, ni à la ville ; & même depuis ce tems-là elles ont été plus en garde contre la réputation de Sçavantes & de Précieuſes, que contre celle de galantes & de déréglées.

Il fit auſſi deux Comédies contre les Hypocrites & les faux Dévots ; ſavoir *le Feſtin de Pierre*, Piece imitée ſur celle des Italiens du même nom; & le *Tartuffe*, de ſon invention. Cette Piece lui fit des affaires, parce qu'on en faiſoit des applications à des perſonnes de grande conſidération ; & auſſi parce qu'on prétendit que la vertu & le vice en cette matiere ſe prenant aiſément l'un pour l'autre, le Ridicule touchoit preſque également ſur tous les deux,

& donnoit lieu de se moquer des personnes de piété, & de leurs remontrances. Cependant après quelques obstacles, qui furent levés aussi-tôt, il eut permission entiere de la jouer publiquement.

Il attaqua encore les mauvais Médecins par deux Pieces fort comiques, dont l'une est *le Médecin malgré lui* ; & l'autre, *le Malade imaginaire*. On peut dire qu'il se méprit un peu dans cette derniere Piece, & qu'il ne se contint pas dans les bornes du pouvoir de la Comédie ; car au lieu de se contenter de blâmer les mauvais Médecins, il attaqua la Médecine en elle-même, la traita de science frivole, & posa pour principe, qu'il est ridicule à un homme d'en vouloir guérir un autre. La Comédie s'est toujours moquée des rodomons & de leurs rodomontades ; mais jamais elle n'a raillé ni les vrais braves, ni la vraie bravoure, elle s'est réjouie des pédans & de la pédanterie, mais elle n'a jamais blâmé ni les Sçavans, ni les sciences. Suivant cette regle, il n'a pu trop maltraiter les charlantans & les ignorans Médecins ; mais il devoit en demeurer-là, & ne pas tourner en ridicule les bons Médecins, que l'Ecriture même nous enjoint d'honorer. Quoiqu'il en soit, depuis les anciens Poëtes Grecs & Latins qu'il a égalés, & peut-être surpassés dans le comique, aucun autre n'a eu tant de talent ni de réputation.

Il mourut le 23 Février de l'année 1673, âgé de 52 ou 53 ans. Il a ramassé en lui seul tous les talens nécessaires à un Comédien. Il a été si excellent Acteur pour le Comique, quoique très-médiocre pour le sérieux, qu'il n'a pu être imité que très-imparfaitement par ceux qui ont joué son rôle après sa mort. Il a aussi entendu admirablement les habits des Acteurs, en leur donnant leur véritable caractere ; & il a eu encore le don de leur distribuer si bien les personnages, & de les instruire ensuite si parfaitement, qu'ils sembloient moins des Acteurs de Comédie, que les vraies personnes qu'ils representoient.

EXTRAIT DU DICTIONNAIRE
Historique de Moréry, imprimé à Paris en 1704, Tome III, pag. 768.

MOLIERE, (Jean-Baptiste Poquelin) Poëte comique, étoit de Paris. Il s'est aquis par ses Comédies une réputation qui ne mourra jamais. Le nom de sa famille étoit Poquelin ; son pere étoit tapissier-valet de chambre du Roi. Après avoir fait ses humanités, il fut destiné à l'étude du Droit, qu'il quitta bientôt après, pour suivre le penchant invincible qu'il l'entraînoit sur le Théatre. Il entra dans une Troupe de Comédiens de campagne ; & se fit connoître à Lyon par sa premiere Piece, qui fut *l'Etourdi.* Quelque-tems après, sa Troupe fut honorée de la protection de Monsieur le Prince de Conti, Gouverneur de Languedoc ; & depuis en 1658 de Monsieur, Fils de France, qui le présenta au Roi, & à la Reine mere. Il joua en présence de leurs Majestés ; obtint la permission de s'établir à Paris, & de jouir de la Salle du Palais Royal en 1660. Il produisit ensuite plusieurs Pieces, dans le véritable goût de la Comédie, que nos Auteurs avoient négligé ; corrompus par l'exemple des Espagnols & des Italiens, qui donnent beaucoup plus aux intrigues surprenantes, aux plaisanteries forcées, qu'à la peinture des mœurs & de la vie civile. Les plus excellentes Pieces de Moliere sont, *le Misantrope, le Tartuffe, les Femmes sçavantes, l'Avare, & le Festin de Pierre.* Dans le *Bourgois Gentilhomme, le Pourceaugnac, les Fourberies de Scapin,* & les autres de cette nature, il a trop donné au goût du peuple pour les situations & les pointes bouffonnes. *Les Précieuses, les Petits Maîtres, & les Médecins,* ont été les principaux objets de sa Satyre. Il étoit aussi bon Acteur qu'excellent Auteur ; & dans la repréſentation de ſa derniere Piece, qui fut *le Malade imaginaire*, il ſembloit s'être ſurpaſſé lui-même. Tout malade qu'il étoit, & preſſé d'une fluxion ſur la poitrine, il entreprit d'y jouer pour la quatrieme fois, le 17 Février 1673, & ne put achever qu'avec de très-grands efforts. Il lui en coûta la vie ; car s'étant mis au lit en ſortant du Théatre, ſa toux redoubla ; il ſe rompit une veine, & mourut le même jour. Moliere avoit été fort eſtimé du Roi, qui le gratifia de pluſieurs penſions. Il avoit beaucoup profité de l'imitation de Plaute, de Térence, & des Italiens. Voyez le jugement que l'Auteur des réflexions ſur la Poétique a fait de Moliere. Perſonne, dit-il, n'a porté le ridicule de la Comédie plus haut, parmi nous, que Moliere: car les autres Poëtes comiques n'ont que les valets pour plaiſans de leur Théatre ; & les plaiſans du Théatre de Moliere, ſont des Marquis & des Gens de qualité ; les autres n'ont joué dans la Comédie que la vie bourgeoiſe & commune ; & Moliere a joué tout Paris & la Cour. Il eſt le ſeul parmi nous qui ait découvert ces traits de la nature, qui la diſtinguent & qui la font connoître. Les beautés des Portraits qu'il a faits ſont ſi naturelles, qu'elles ſe font ſentir aux perſonnes les plus groſſieres ; & le talent qu'il avoit de plaiſanter, étoit renforcé de la moitié par celui qu'il avoit de contrefaire. Son *Miſantrope* eſt, à mon ſens, le caractere le plus achevé & le plus ſingulier qui ait jamais paru ſur le Théatre. Mais l'ordonnance de ſes Comédies eſt toujours défectueuſe en quelque choſe ; & ſes dénouemens ne ſont point heureux. Il ne faut pas confondre ce Poëte avec un autre Moliere qui vivoit en 1620, & qui a compoſé diverſes Pieces de Théatre, la *Polixene*, des *Epitres*, &c.

EXTRAIT DU DICTIONNAIRE
Historique & critique de M. Bayle, seconde
Edition, imprimée à Roterdam en 1702,
page 2480.

POQUELIN (Jean-Baptiste) Comédien fameux, connu sous le nom de MOLIERE, étoit fils d'un valet de chambre tapissier du Roi, & naquit à Paris, environ l'an 1620. Il fit ses humanités sous les Jésuites, au Collège de Clermont. On le destinoit au Barreau ; mais au sortir des Ecoles de Droit, il choisit la profession de Comédien, par l'invincible penchant qu'il se sentoit pour la Comédie ; toute son étude & son application ne furent que pour le Théatre. Sa premiere Comédie fut celle de *l'Etourdi* ; il l'exposa au Public dans la ville de Lyon l'an 1653. S'étant trouvé quelque-tems après en Languedoc, il alla offrir ses services à M. le Prince de Conty, qui le reçut avec des marques de bonté très-obligeantes, donna des appointemens à sa Troupe, & l'engagea à son service, tant auprès de sa personne, que pour les Etats de Languedoc. Ayant passé le carnaval à Grenoble l'an 1658, il vint s'établir à Rouen. Il y séjourna pendant l'Eté ; & après quelques voyages qu'il fit à Paris secrétement, il eut l'avantage de faire agréer ses services & ceux de ses camarades à Monsieur, qui lui ayant accordé sa protection, & le titre de sa Troupe, le presenta en cette qualité au Roi, & à la Reine mere. Cette Troupe commença de paroître devant leurs Majestés & toute la Cour le 24 d'Octobre 1658, sur un Théatre dressé exprès dans la Salle des Gardes du vieux Louvre, & eut le bonheur de plaire ; de sorte que Sa Majesté donna ses ordres pour l'établir à Paris. La Salle du petit Bourbon lui fut accordée, pour y représenter la Comédie

médie alternativement avec les Comédiens Italiens. On lui accorda la Salle du Palais Royal au mois d'Octobre 1660. Moliere obtint une penſion de mille francs l'an 1663. Sa Troupe fut arrêtée tout-à-fait au ſervice de Sa Majeſté l'an 1665, & il continua juſqu'à ſa mort à donner des Pieces qui eurent un grand ſuccès. La derniere de ſes Comédies fut *le Malade imaginaire*; il en donna la quatrieme repreſentation le 17 Février 1673, & mourut (A) le même jour. Voilà ce que j'ai tiré d'une Préface qui a été imprimée à la tête de ſes Œuvres, & qui contient quelques particularités de ſa vie. On n'y a point rapporté un fait que bien des gens m'ont aſſuré; c'eſt

(A) *& mourut le même jour.*] Le principal perſonnage de la derniere Comédie de Moliere eſt un malade qui fait ſemblant d'être mort. Moliere repreſentoit ce perſonnage, & par conſéquent il fut obligé dans l'une des Scenes à contrefaire le mort. Une infinité de gens ont dit qu'il expira dans cette partie de ſa Piece, & que lorſqu'il fut queſtion d'achever ſon rôle, en faiſant voir que ce n'étoit qu'une feinte, il ne put ni parler ni ſe relever, & qu'on le trouva mort effectivement. Cette ſingularité parut tenir quelque choſe du merveilleux, & fournit aux Poëtes une ample matiere de pointes & d'alluſions ingénieuſes: c'eſt apparemment ce qui fit que l'on ajouta beaucoup de foi à ce conte. Il y eut même des gens qui le tournérent du côté de la réflexion, & qui moraliſérent beaucoup ſur cet incident. Mais la vérité eſt que Moliere ne mourut pas de cette façon; il eut le tems, quoique fort malade, d'achever ſon rôle. Voici ce qu'on rapporte dans la Préface imprimée à la tête de ſes Oeuvres: » Le 17 » Février 1673, jour de la quatrieme repreſentation du Ma » lade imaginaire, il fut ſi fort travaillé de ſa fluxion, qu'il » eut de la peine à jouer ſon rôle, il ne l'acheva qu'en » ſouffrant beaucoup, & le Public connut aiſément qu'il » n'étoit rien moins que ce qu'il avoit voulu jouer. En effet, » la Comédie étant faite, il ſe retira promptement chez lui, » & à peine eut-il le tems de ſe mettre au lit, que la toux » continuelle dont il étoit tourmenté redoubla ſa violence. » Les efforts qu'il fit furent ſi grands, qu'une veine ſe rompit » dans ſes poumons. » Un moment après il perdit la parole, & fut ſuffoqué en une demie heure par l'abondance du ſang qu'il perdit par la bouche. Pour ne rien diſſimuler, j'avertis mon Lecteur, que ſi l'on en croit d'autres Ecrivains, Moliere n'eut pas la force d'aſſiſter à la repreſentation juſqu'à la

qu'il ne se fit Comédien que pour être auprès d'une Comédienne dont il étoit devenu amoureux. Je laisse à deviner si l'on s'en est tû, parce que cela n'est pas véritable, ou de peur de lui faire tort. Plusieurs per-

fin, il fallut l'emporter chez lui avant que toute la Piece eût été jouée. Voici ce que dit sur cet incident un livre intitulé, *La fameuse Comédienne, ou l'Histoire de la Guérin, auparavant femme & veuve de Moliere*. « La mort de Moliere arriva d'une maniere toute surprenante. Il y avoit long-tems qu'il se trouvoit fort incommodé ; ce qu'on attribuoit au chagrin de son mauvais ménage, & plus encore au grand travail qu'il faisoit. Un jour qu'il devoit jouer le Malade imaginaire, Piece nouvelle alors, & la derniere qu'il avoit composée, il se trouva fort mal avant que de commencer, & fut prêt de s'excuser de jouer, sur sa maladie : cependant comme il eut vu la foule du monde qui étoit à cette représentation, & le chagrin qu'il y avoit de le renvoyer, il s'efforça, & joua jusqu'à la fin sans s'appercevoir que son incommodité fût augmentée : mais dans l'endroit où il contrefaisoit le mort, il demeura si foible, qu'on crut qu'il l'étoit effectivement, & on eut mille peines à le relever. On lui conseilla pour lors de ne point achever, & de s'aller mettre au lit. Il ne laissa pas pour cela de vouloir finir ; & comme la Piece étoit fort avancée, il crut pouvoir aller jusqu'au bout sans se faire beaucoup de tort ; mais le zèle qu'il avoit pour le Public eut une suite bien cruelle pour lui : car dans le tems qu'il disoit, *de la rhubarbe, & du séné*, dans la cérémonie des Médecins, il lui tomba du sang de la bouche ; ce qui ayant extrêmement effrayé les spectateurs & ses camarades, on l'emporta chez lui fort promptement, où sa femme le suivit dans sa chambre. Elle contrefit du mieux qu'elle put la personne affligée : mais tout ce qu'on employa ne servit de rien, il mourut en fort peu d'heures, après avoir perdu tout son sang qu'il jettoit avec abondance par la bouche. Les Poëtes, comme je l'ai déjà dit, ne laissérent pas tomber cette occasion de pointiller ; ils firent courir quantité de petites Pieces ; mais de tout ce qu'on fit sur cette mort, rien ne fut plus approuvé que ces quatre vers Latins, qu'on a trouvés à propos de conserver.

Roscius hic situs est tristi Molieris in urna,
  Cui genus humanum ludere ludus erat.
Dum ludit mortem, mors indignata jocantem
  Corripit, & mimum fingere sæva negat.

sonnes assurent que ses Comédies surpassent, ou égalent (B) tout ce que l'ancienne Grece & l'ancienne Rome ont eu de plus beau en ce genre. Il ne faut pas s'étonner qu'il ait si bien réussi à representer les désordres des mauvais ménages, & les chagrins

Joignons à ces vers Latins cette Epitaphe Françoise, qui est tirée du premier Tome du Mercure Galant de 1673.

> *Ci gît qui parut sur la Scene*
> *Le singe de la vie humaine,*
> *Qui n'aura jamais son égal ;*
> *Qui voulant de la mort, ainsi que de la vie,*
> *Etre l'imitateur dans une Comédie,*
> *Pour trop bien réussir, y réussit fort mal :*
> *Car la mort en étant ravie,*
> *Trouva si belle la copie,*
> *Qu'elle en fit un original.*

(B) *Surpassent, ou égalent tout ce que l'ancienne Grece.*] M. Perrault s'est attiré beaucoup d'adversaires pour s'être opposé vivement à ceux qui disent qu'il n'y a point aujourd'hui d'Auteurs que l'on puisse comparer aux Homeres & aux Virgiles, aux Démosthénes & aux Cicérons, aux Aristophanes & aux Térences, aux Sophocles & aux Euripides. Cette dispute a fait naître de part & d'autre plusieurs Ouvrages, où l'on peut apprendre de très-bonnes choses. Mais on attend encore la réponse aux paralleles des Anciens & des Modernes de M. Pérault, & l'on ne sçait quand elle viendra. Quoi qu'il en soit, je crois pouvoir dire qu'en fait d'ouvrages de plume, il n'y a guére de choses où tant de gens aient reconnu la supériorité de ce siecle, que dans les Pieces comiques. Peut-être cela vient-il de ce que les graces & les finesses d'Aristophane ne sont pas à la portée de tous ceux qui peuvent sentir le sel & les agrémens de Moliere : car il faut demeurer d'accord, que pour bien juger des Comiques Grecs, il faudroit connoître à fond les défauts des Athéniens. Il y a un ridicule commun à tous les tems & à tous les peuples, & un ridicule particulier à certains siecles & à certaines nations. Il y a des Scenes d'Aristophanes qui nous paroissent insipides, qui charmoient peut-être les Athéniens, parce qu'ils connoissoient le défaut qu'on y tournoit en ridicule. C'étoit un défaut que peut-être nous ne sçavons pas, c'étoit le ridicule ou de quelques faits particuliers, ou de quelque goût passager & commun en ce tems-là, mais qui nous est inconnu, lors même que nous pouvons consulter les originaux. Voilà des obstacles qui ne nous permettent point

des maris jaloux, ou qui ont sujet de l'être : car on assure qu'il sçavoit (C) cela par expérience autant qu'homme du monde. Je m'en rapporte à un livre qui à été imprimé sous le titre d'*Histoire de la*

d'admirer ce Poëte selon son mérite, ni en Grec, ni en Latin, ni dans les versions Françoises les plus fidelles & les plus polies qu'on nous puisse donner. Moliere n'est pas sujet à ces contre-tems, nous sçavons à qui il en veut : & nous sentons facilement s'il peint bien le ridicule de notre siécle, rien ne nous échappe de tout ce qui lui réussit : il semble même qu'à l'égard de ces pensées, & de ces fines railleries à quoi tous les siecles & tous les peuples polis sont sensibles, il soit plus profond qu'Aristophane & que Térence. C'est une prérogative de grand poids : car enfin l'on ne peut pas accuser ce siecle de manquer de goût pour les endroits relevés des Poëtes Latins. Montrez aux Dames d'esprit certaines pensées d'Horace, d'Ovide, de Juvenal, &c. montrez-les leur en vieux Gaulois, faites-en la traduction la plus platte qu'il vous plaira, pourvu qu'elle soit fidelle, vous verrez que ces Dames conviendront que ces pensées sont belles, délicates & fines. Il y a des beautés d'esprit qui sont à la mode dans tous les tems ; c'est en celles-là que l'on diroit que notre Moliere est plus fertile que les comiques de l'antiquité. Il y a des beautés qui disparoîtroient dans les versions, & à l'égard des pays où le goût n'est pas semblable à celui de France ; mais il y en a un grand nombre d'autres qui passeroient dans toutes sortes de traductions, & de quelque goût que les Lecteurs fussent, pourvu qu'ils entendissent l'essence des bonnes pensées.

(C) *Qu'il sçavoit cela par expérience autant qu'homme du monde.*] J'ai lu dans un petit livre imprimé l'an 1688, intitulé : *Histoire de la Guérin, auparavant femme & veuve de Moliere, que l'on a donné moins de louanges à Moliere, que l'on n'a dit de douceurs à sa femme ; qu'elle étoit fille de la défunte Béjart Comédienne de campagne, qui faisoit la bonne fortune de quantité de jeunes gens de Languedoc dans le tems de l'heureuse naissance de sa fille. C'est pourquoi*, ajoute l'auteur, *il seroit très-difficile dans une galanterie si confuse, de dire qui en étoit le pere ; tout ce qu'on en sçait est, que sa mere assuroit que dans son déréglement, si on en exceptoit Moliere, elle n'avoit jamais pu souffrir que des gens de qualité ; & pour cette raison sa fille étoit d'un sang fort noble, c'est aussi la seule chose que la pauvre femme lui a toujours recommandée, de ne s'abandonner qu'à des personnes d'élite. On l'a crue fille de Moliere, quoiqu'il ait été depuis son mari ; cependant on n'en sçait pas bien la vérité... Moliere épousa la petite Béjart*, dit ce même livre, *quelque tems après avoir établi sa troupe à Paris. Il*

DE DIVERS AUTEURS. 245

Guérin, auparavant femme & veuve de Moliere, & dont je donne quelques fragmens. Ce qu'il y a fit quelques Pieces de Théatre, & entr'autres la Princesse d'Elide : sa femme qui joua le rôle de la Princesse, *parut avec tant d'éclat, qu'il eut tout lieu de se repentir de l'avoir exposée au milieu de cette jeunesse brillante de la Cour : car à peine fut-elle à Chambord, où le Roi donnoit ce divertissement, qu'elle devint folle du Comte de * * * & que le Comte de * * * devint fou d'elle.* » On fit appercevoir à Moliere,
» que le grand soin qu'il avoit de plaire au public, lui
» ôtoit celui d'examiner la conduite de sa femme ; & que
» pendant qu'il travailloit pour divertir tout le monde,
» tout le monde cherchoit à divertir sa femme. La jalousie
» reveilla dans son ame la tendresse que l'étude avoit assou-
» pie. Il courut aussi-tôt faire de grandes plaintes à sa fem-
» me, en lui reprochant les grands soins avec lesquels il
» l'avoit élevée, la passion qu'il avoit étouffée, ses manie-
» res d'agir qui avoient été plutôt d'un amant que d'un
» mari, & que pour récompense de tant de bontés, elle
» le rendoit la risée de toute la Cour. La Moliere, en
» pleurant, lui fit une espece de confidence des sentimens
» qu'elle avoit eus pour le Comte de * * * dont elle lui
» jura que tout le crime avoit été dans l'intention, &
» qu'il falloit pardonner le premier égarement d'une jeune
» personne, à qui le manque d'expérience fait faire d'or-
» dinaire ces sortes de démarches, mais que les bontés
» qu'elle reconnoissoit qu'il avoit pour elle, l'empêcheroit
» de retomber dans des pareilles foiblesses. Moliere persuadé
» de sa vertu par ses larmes, lui fit mille excuses de son
» emportement, & lui remontra avec douceur, que ce
» n'étoit pas assez pour la réputation que la pureté de la
» conscience nous justifiât, qu'il falloit encore que les appa-
» rences ne fussent pas contre nous, sur-tout dans un siecle
» où l'on trouvoit les esprits disposés à croire le mal, &
» fort éloignés de juger des choses avec indulgence. Elle
» recommença bientôt sa vie avec plus d'éclat que jamais...
» continue ce même livre, & Moliere averti par des gens
» mal intentionnés pour son repos, de la conduite de son
» épouse, renouvella ses plaintes avec plus de violence
» qu'il n'avoit encore fait, il la menaça même de la faire en-
» fermer. La Moliere outragée de ces reproches, pleura,
» s'évanouit, & obligea son mari qui avoit un grand foi-
» ble pour elle, à se repentir de l'avoir mise en cet état.
» Il s'empressa fort à la faire revenir, en la conjurant de
» considérer que l'amour seul avoit causé son emporte-
» ment, & qu'elle pouvoit juger du pouvoir qu'elle avoit

L 3

de plus étrange, est que dans ce Livre on a dit que sa femme étoit sa fille: ce qui n'est nullement

,, sur son esprit, puisque malgré tous les sujets qu'il avoit
,, de se plaindre d'elle, il étoit prêt de lui pardonner,
,, pourvu qu'elle eut une conduite plus réservée. Un époux
,, si extraordinaire auroit pu lui donner des remords, &
,, la rendre sage : sa bonté fit un effet tout contraire ; &
,, la peur qu'elle eut de ne trouver une si belle occasion
,, de s'en séparer, lui fit prendre un ton fort haut, lui
,, disant qu'elle voyoit bien par qui ces faussetés lui étoient
,, inspirées ; qu'elle étoit rébutée de se voir tous les jours
,, accusée d'une chose dont elle étoit innocente ; qu'il n'a-
,, voit qu'à prendre des mesures pour une séparation ; &
,, qu'elle ne pouvoit plus souffrir un homme qui avoit tou-
,, jours conservé des liaisons particulieres avec la de Brie,
,, qui demeuroit dans leur maison, & qui n'en étoit point
,, sortie depuis leur mariage ".

Cette de Brie étoit une Comédienne de la troupe que Moliere trouva établie à Lyon la premiere fois qu'il y joua. Il devint amoureux de cette femme, & en fut aimé ; & il l'attira ensuite dans sa troupe.

« Les soins que l'on prit pour appaiser la Moliere furent
» inutiles ; elle conçut dès ce moment une aversion terri-
» ble pour son mari ; & lorsqu'il se vouloit servir des pri-
» vileges qui lui étoient dus par le mariage, elle le traitoit
» avec le dernier mépris. Enfin, elle porta les choses à une
» telle extrémité, que Moliere, qui commençoit à s'apper-
» cevoir de ces méchantes inclinations, consentit à la rup-
» ture qu'elle demandoit incessamment depuis leur querelle.
» Si bien que sans Arrêt du Parlement, ils demeurerent
» d'accord qu'ils n'auroient plus d'habitude ensemble. Ce-
» pendant ce ne fut pas sans se faire une fort grande vio-
» lence, que Moliere résolut de vivre avec elle dans cette
» indifférence ; & si la raison lui faisoit regarder sa femme
» comme une personne que sa conduite rendoit indigne des
» caresses d'un honnête homme, sa tendresse lui faisoit en-
,, visager la peine qu'il auroit de la voir, sans se servir
,, des privileges que donne le mariage. Il y rêvoit un jour
,, dans son jardin d'Auteuil, quand un de ses amis, nom-
,, mé Chapelle, qui s'y venoit promener par hasard, l'a-
,, borda, & le trouvant plus inquiet que de coutume, il lui
,, en demanda plusieurs fois le sujet. Moliere qui eut quel-
,, que honte de se sentir si peu de constance pour un mal-
,, heur si fort à la mode, resista autant qu'il put ; mais
,, comme il étoit dans une de ces plénitudes de cœur si
,, connues par les gens qui ont aimé, il céda à l'envie de

vrai. Au reste il avoit une facilité inconcevable à faire des vers ; mais il se donnoit trop de li-

» se soulager, & avoua de bonne-foi à son ami, que la
» maniere dont il étoit forcé d'en user avec sa femme, étoit
» la cause de l'accablement où il se trouvoit. Chapelle qui
» le croyoit être au-dessus de ces sortes de choses, le railla
» de ce qu'un homme comme lui, qui sçavoit si bien pein-
» dre le ridicule des autres hommes, tomboit dans celui
» qu'il blâmoit tous les jours ; & lui fit voir que le plus
» ridicule de tous étoit d'aimer une personne qui ne ré-
» pond pas à la tendresse qu'on a pour elle. Pour moi, lui
» dit-il, je vous avoue que si j'étois assez malheureux pour
» me trouver en pareil état, & que je fusse fortement per-
» suadé que la personne que j'aimerois accordât des faveurs
» à d'autres, j'aurois tant de mépris pour elle, qu'il me
» guériroit infailliblement de ma passion, encore avez-
» vous une satisfaction que vous n'auriez pas si c'étoit
» une maîtresse ; & la vengeance qui prend ordinairement
» la place de l'amour dans un cœur outragé, vous peut
» payer tous les chagrins que vous cause votre épouse,
» puisque vous n'avez qu'à la faire enfermer, ce sera mê-
» me un moyen assuré de vous mettre l'esprit en repos.
» Moliere qui avoit écouté son ami avec assez de tranquil-
» lité, l'interrompit, pour lui demander s'il n'avoit
» jamais été amoureux. Oui, lui répondit Chapelle, je
» l'ai été comme un homme de bon sens doit l'être ; mais
» je ne me serois pas fait une si grande peine pour une
» chose que mon honneur m'auroit conseillé de faire ; &
» je rougis pour vous de vous trouver si incertain. Je vois
» bien que vous n'avez encore rien aimé, lui répondit Mo-
» liere, vous avez pris la figure de l'amour pour l'amour
» même. Je ne vous rapporterai point une infinité d'exem-
» ples, qui vous feroient connoître la puissance de cette
» passion ; je vous ferai seulement un recit fidele de mon
» embarras, pour vous faire comprendre combien on est
» peu maître de soi, quand elle a une fois pris sur nous
» l'ascendant que le tempérament lui donne d'ordinaire.
» Pour vous répondre donc sur la connoissance parfaite que
» vous dites que j'ai du cœur de l'homme, par les portraits
» que j'en expose tous les jours au public, je demeurerai
» d'accord que je me suis étudié autant que j'ai pu à con-
» noître leur foible : mais si ma science m'a appris qu'on
» pouvoit fuir le péril : mon expérience ne m'a que trop
» fait voir qu'il étoit impossible de l'éviter : j'en juge tous
» les jours par moi-même. Il fait ensuite l'histoire de son
» mariage ; & après quelques réflexions, il ajoute. Je me

berté (D) d'inventer de nouveaux termes, & de
» suis donc déterminé à vivre avec elle comme si elle n'é-
» toit pas ma femme : mais si vous sçaviez ce que je
» souffre, vous auriez pitié de moi : ma passion est ve-
» nue à un tel point, qu'elle va jusqu'à entrer avec com-
» passion dans ses intérêts ; & quand je considere com-
» bien il m'est impossible de vaincre ce que je sens pour
» elle, je me dis en même-tems qu'elle a peut-être la même
» difficulté à détruire le penchant qu'elle a d'être coquette ;
» & je me trouve plus de disposition à la plaindre, qu'à
» la blâmer. Vous me direz sans doute qu'il faut être Poëte
» pour aimer de cette maniere ; mais pour moi je crois
» qu'il n'y a qu'une sorte d'amour, & que des gens qui
» n'ont point senti de semblables délicatesses, n'ont ja-
» mais aimé véritablement.... N'admirez-vous pas, ajou-
» t-il, que tout ce que j'ai de raison ne serve qu'à me
» faire connoître ma foiblesse sans en pouvoir triompher : Je
» vous avoue, à mon tour, lui dit son ami, que vous êtes
» plus à plaindre que je ne pensois ; mais il faut tout es-
» pérer du tems : continuez cependant à vous faire des ef-
» forts, &c. »

Voilà quel étoit le sort de ce bel esprit au milieu des ac-
clamations de toute la Cour, brillant de gloire, l'admira-
tion de toute la France, & des pays étrangers : il étoit
rongé de mille chagrins domestiques ; son mariage lui ôtoit
l'honneur & le repos ; il n'avoit pas même la consolation
de haïr la personne qui lui causoit tant de trouble. C'est ici
que l'on pouvoit dire : *Médecin guéris-toi toi-même* : Moliere, qui divertissez tout le public, divertissez-vous vous-
même. Vous jouez tout le monde, vous donnez de si bons
conseils aux pauvres cocus : profitez tout le premier de vos
railleries. Il a peut-être dit mille fois ce que dit Horace
dans la seconde Epitre du livre second.

Prætulerim scriptor delirus inersque videri,
Dum mea delectent mala me, vel denique fallant,
Quàm sapere & ringi...

J'aimerois mieux passer pour le plus chétif de tous les Auteurs,
& être content, que d'avoir un si grand esprit, & un génie si
admiré, & souffrir tant d'inquiétudes.

(D) *Trop de liberté d'inventer de nouveaux termes & de*
nouvelles expressions.] Prenez bien garde qu'on ne blâme
ici que l'excès de sa liberté : car au fond, on ne nie pas qu'il ne
s'en servît bien souvent d'une maniere très-heureuse, & qui
a été utile à notre langue. Il a fait faire fortune à quelques

nouvelles expressions ; il lui échappoit même phrases, & à quelques mots qui ont beaucoup d'agrément ; & si quelque Grammairien en jugeoit d'une façon toute contraire, il mériteroit d'être traité comme celui qui censura le Poëte Furius d'avoir inventé certains mots Latins qui abrégeoient le discours, & qui n'avoient rien de rude pour les oreilles délicates, selon ces paroles d'Aulu-Gelle, liv. 18, chap. 11. *Non herclè idem sentio cum Casellio vindice Grammatico, ut mea opinio est, haud quaquam erudito. Verum hoc tamen petulanter inscitèque; quod Furium veterem poëtam dedecorasse linguam Latinam scripsit hujusmodi vocum fictionibus, quæ mihi quidem neque à poëtica facultate visæ sunt, neque dictu profatuque ipso tætras aut insuaves esse, sicuti sunt quædam alia ab illustribus Poëtis ficta durè & rancidè. Quæ reprehendit autem Casellius Furiana, hæc sunt; quod terram in lutum versam lutescere dixerit & tenebras in modum noctis factas, noctescere, &c.* Au reste il n'y a point de meilleure forge de nouveaux mots que la Comédie : car si elle produit quelque nouveauté de langage qui soit bien reçue, une infinité de gens s'en emparent tout à la fois, & la répandent bientôt au long & au large par de fréquentes répétitions. On ne peut contester légitimement aux bons Auteurs le droit de forger de nouveaux mots, puisque sans cela les Langues seroient toujours pauvres, stériles, languissantes. On peut voir ce que dit sur ceci Vossius & plusieurs autres Ecrivains. On doit donc, généralement parlant, demeurer d'accord que Moliere avoit droit d'enrichir de nouveaux termes les matiéres du Théatre, où il avoit acquis une si grande réputation : mais ce que l'on peut prétendre, c'est qu'il abusoit quelquefois de son droit ; car il faut se souvenir que ces sortes de matieres ne font point sentir à ceux qui les traitent la pauvreté d'une Langue, autant que la sentent les Ecrivains des matieres dogmatiques. *Il faut avouer, dit un Auteur célebre, qu'on ressent plus le manquement qu'a notre langue de certains mots, quand on traite des matieres de science, que quand on parle, ou qu'on écrit des choses communes de la vie civile.* Cet Auteur parle ainsi dans une Préface, où il rend raison de la liberté qu'il s'est donnée d'inventer les mots *Philosophismes, Philosophines, advertances, &c.* Il est sûr qu'un Poëte Comique n'est pas aussi excusable que les Philosophes, qui pour s'exprimer, sont obligés de forger des mots : une nécessité indispensable y contraint ceux-ci. C'est ce qui fait faire cette plainte au Poëte Lucrece dans son premiere Livre, vers 137 & 830.

Nec me animus fallit Graïorum obscura reperta,
Difficile inlustrare Latinis versibus esse

(*Multa novis verbis præsertim cùm sit agendam*)
Propter egestatem linguæ, & rerum novitatem.

*Nunc & Anaxagoræ scrutemur Homœomeriam,
Quàm Græci memorant, nec nostrâ dicere linguâ
Concedit nobis patrii sermonis egestos.*

Il est difficile, si je ne me trompe, dit ce Poëte, que la Langue Latine, à cause de son peu d'expression, m'en fournisse d'assez heureuses pour traiter des recherches obscures des Grecs, parce qu'il faut des termes nouveaux, & que la matiere est nouvelle.

Examinons maintenant, dit-il ailleurs, l'opinion d'Anaxagore, que les Grecs appellent Homœomerie, & que notre Langue ne peut exprimer par un autre nom, à cause de sa pauvreté.

Ce n'étoit pas seulement à cause des loix de la quantité que Lucréce se trouvoit dans la disette, car ceux qui se servoient de la prose en philosophant, se plaignoient de manquer de mots. Sénéque dans sa cinquante-huitieme Epître s'exprime ainsi : *quanta verborum nobis paupertas, imo egestas sit, nunquam magis quàm hodierno die intellexi. Mille res inciderunt, cùm fortè de Platone loqueremur, quæ nomini desiderarent, nec haberent ; quædam verò cùm habuissent, fastidio nostro perdidissent. Quis autem ferat in egestate fastidium ?* Je n'ai jamais, dit ce Philosophe, mieux reconnu le besoin, ou plutôt la disette que nous avons de quantité de mots. Comme nous parlions de Platon par occasion, il s'est rencontré mille choses qui avoient besoin de noms, & qui toutefois n'en avoient point ; d'autres encore qui en avoient eu autrefois ; mais qui les avoient perdus, parce que l'on s'en étoit dégoûté. Est-il possible d'avoir du dégoût dans l'indigence ?

Il est bon de remarquer en passant, la double source que Sénéque nous indique de la pauvreté des langues : l'une est qu'on n'a point encore trouvé certains mots : l'autre est, qu'on en laisse tomber plusieurs dans le non-usage. Mais il faut aussi remarquer que les Romains, lors même qu'ils ne composoient que des Epigrammes, se plaignoient qu'ils ne trouvoient pas les mots qu'il leur eût fallu, comme on peut voir par ce qu'en dit Pline le jeune dans sa dix-huitieme Lettre du quatrieme Livre. Ainsi il faut conclure que notre Moliere a pu sentir les mêmes besoins, & qu'à cause de cela il a dû avoir son recours à l'invention. Il faut enfin remarquer qu'il est dans les langues comme à l'égard des productions de la nature, où *generatio unius est corruptio alterius* : la naissance d'un mot vient pour l'ordinai-

fort (E) souvent des barbarismes. Vous trouverez dans les *Jugemens des Sçavans*, composés par M. Baillet, ce qu'il faut juger de son talent.

de la mort d'un autre. Cela est vrai principalement en France ; & ainsi l'on ne peut pas espérer que notre langue cesse jamais d'être disetteuse.

(E) *Fort souvent des barbarismes.*] J'en pourrois marquer cent exemples ; mais je me bornerai à deux que je tire d'une Piece que l'on a mise à la tête de ses Œuvres dans quelques éditions. C'est un remerciment au Roi : il y donne un tour merveilleux, & peut-être n'a-t-il rien fait de meilleur en matiere de petits ouvrages. Remarquez ces quatre vers : Moliere s'adresse à sa Muse, & lui dit qu'elle peut aisément étendre le compliment qu'elle fait au Roi.

Vous pourriez aisément l'étendre
Et parler des transports qu'en vous font éclater
Les surprenans bienfaits, que, sans les mériter
Sa libérale main daigne sur vous répandre.

Cela veut dire, selon le sens de l'Auteur, que sa Muse avoit reçu de grands bienfaits, encore qu'elle ne les méritât point : mais selon la Grammaire, cela signifie, qu'encore que le Roi ne méritât point ces bienfaits, il ne laissoit pas de les répandre sur la Muse de Moliere. C'est donc s'exprimer barbarement. Voici l'autre exemple qui est tiré de la même Piece.

Les Muses sont de grandes prometteuses,
Et comme vos sœurs les causeuses,
Vous ne manquerez, pas, sans doute, par le bec.

Le sens de l'Auteur est, que sa Muse ressemblera à ses sœurs, qui ont beaucoup de babil ; mais selon la Grammaire, cela signifie clairement & uniquement, qu'elle ne manqueroit pas de caquet comme les autres Muses en manquent. Remarquez bien que par *barbarisme*, je n'entends pas des expressions ou des paroles tirées des autres langues, & inconnues à la Françoise ; j'entends un arrangement qui choque les regles, & que nos bons Grammairiens regardent comme barbare.

On voit dans le même Poëme, *Marquis repoussable*, terme barbare. On y voit, *prévenant amas*, autre terme barbare ; car le mot, *prévenant*, n'est en usage qu'au figuré, & ne signifie pas un homme qui a passé devant d'autres.

L 6

EXTRAITS

Quelques-uns prétendent que la gloire de l'invention n'appartient pas à Moliere, & qu'il profita beaucoup des (F) Comédies que les Italiens avoient jouées à Paris. On a tort de dire que M. Despréaux changea de langage après la mort de ce grand Comique : il l'avoit loué vivant, il le blâma mort, si l'on en veut croire certains Censeurs ignorans : la vérité est qu'il ne cessa point de le louer, quand il le vit dans le tombeau. Il lui (G) reprocha seulement

(F) *& qu'il profita beaucoup des Comédies que les Italiens.*] La preuve que je vais donner sera tirée d'un Livre anonime ; mais qu'importe, puisqu'il est imprimé, il suffit à justifier ce que j'avance : car j'ai seulement à prouver qu'il y a des gens qui assurent que les Comédies Italiennes representées à Paris, servirent d'original à Moliere ; c'est un discours qu'on prête à Arlequin, dans un Livre intitulé, *Le Livre sans nom.* ” Si les Comédiens Italiens, dit ce Livre, ” n'eussent jamais paru en France, peut-être que Moliere ” ne seroit pas devenu ce qu'il a été. Je sçais qu'il connoissoit parfaitement les anciens comiques ; mais enfin il a ” pris à notre Théatre ses premieres idées. Vous sçavez que ” son Cocu imaginaire est *il Rittrato* des Italiens: Scara” mouche interrompu dans ses amours, a produit ses Fâ” cheux ; ses Contre-tems ne sont que, Arlequin valet étour” di : ainsi de la plupart de ses Pieces ; & dans ces derniers ” tems, son Tartuffe n'est-il pas notre Bernagasse ? A la ” vérité il a excellé dans ses portraits, & je trouve ses Co” médies si pleines de sens, qu'on devroit les lire comme ” des instructions aux jeunes gens, pour leur faire connoî” tre le monde tel qu'il est. “

(G) *d'avoir eu trop de complaisance pour le Parterre.*] Moliere étoit mort quand M. Despréaux le loua dans la septieme de ses Epitres, autant, ou plus qu'il n'avoit fait dans sa seconde Satyre qu'il lui avoit adressée. C'est donc très-injustement que l'on a dit que M. Despréaux l'avoit loué par politique, & par la crainte d'en être raillé publiquement, soit qu'il ne dit rien à son avantage, soit qu'il n'osât le critiquer. Mais enfin, me direz-vous, il le critiqua lorsqu'il n'y avoit plus rien à craindre, cela n'est-il point suspect ? Non, vous réponds-je, je crois que s'il avoit fait l'Art poétique pendant la vie de Moliere, il n'y auroit pas moins mis la censure que l'on verra ci-dessous ; elle étoit, pour ainsi dire, essentielle à son sujet ; elle contient une observation très-légitime, & qui devroit être une régle in-

DES DIVERS AUTEURS.

d'avoir eû trop de complaisance pour le parterre, censure raisonnable à certains égards, injuste, à tout prendre. Ces vers que le Pere Bouhours composa à la louange de Moliere, sont les meilleurs qu'il ait jamais composés, si l'on s'en rapporte au jugement

violable, si l'on ne faisoit des Comédies que pour les faire imprimer : mais comme elles sont principalement destinées à paroître sur le Théatre, en presence de toutes sortes de gens, il n'est point juste d'exiger qu'elles soient bâties selon le goût de M. Despréaux. Voici ce qu'il a dit dans le troisieme Chant de son Art poétique.

Etudiez la Cour & connoissez la Ville,
L'une & l'autre est toujours en modeles fertile.
C'est par là que Moliere illustrant ses Ecrits,
Peut-être de son Art eut remporté le prix,
Si moins ami du Peuple en ses doctes peintures,
Il n'eût point fait souvent grimacer ses figures;
Quitté pour le bouffon l'agréable & le fin,
Et sans honte allié Térence à Tabarin.
Dans ce sac ridicule où Scapin s'envelope,
Je ne reconnois plus l'Auteur du Misantrope.

Il semble que M. Despréaux ait voulu, par ces vers, blâmer Moliere, de ce qu'il a travaillé non-seulement pour les esprits fins & de bon goût, mais aussi pour les gens grossiers. Il a eu ses raisons, & il eût pu dire ce que l'Auteur du Livre sans nom suppose qu'Arlequin disoit en semblable cas : ,, Ces plaisanteries, lui dis-je, ne sont pas dé-
,, sagréables dans vos Comédies, le mal est qu'elles ne
,, sont pas toutes également bonnes. J'en conviens, me
,, dit-il, mais elles ne laissent pas de divertir certains jeu-
,, nes gens qui ne viennent à notre Théatre que pour rire,
,, qui rient de tout, & souvent sans sçavoir pourquoi. Nous
,, jouons souvent devant ces sortes de gens, & il faut leur
,, donner des plaisanteries de leur portée; faute de quoi on
,, trouveroit souvent une grande solitude dans notre Théa-
,, tre. Je suis fâché, lui dis-je, que vous ayez presque
,, quitté vos anciennes Pieces; elles étoient du goût de tou-
,, tes les personnes de bon sens; on y trouvoit plusieurs
,, choses utiles pour les mœurs; & votre Théatre étoit un
,, lieu, où j'ose dire qu'en y voyant le ridicule du vice,
,, on se sentoit porté même par la seule raison, à prendre
,, le parti de la vertu. Si nous ne representions que nos
,, anciennes Pieces, notre Hôtel seroit peu fréquenté, me

de M. Menage. Vous trouverez ces vers au second Tome des Observations de M. Menage sur la langue Françoise, page 14. Je ne sçais si les Italiens trouvent à leur goût les Comédies de Moliere traduites en leur langue par un homme de leur nation transplanté en Allemagne (H). Il est plus difficile dans un ouvrage de cette nature que dans d'autres de communiquer à une version toutes les beautés de l'original. Au reste, ce que j'ai rapporté du penchant de

,, dit-il ; & je vous répondrai ce que Cinthio répondit au-
,, trefois à M. de Saint-Evremont, que l'on verroit mou-
,, rir de faim de bons Comédiens avec des Comédies ex-
,, célentes ,,.

Pour rendre justice à Moliere, il est à propos de bien peser les paroles de Térence au Prologue de l'Andrienne.

Poëta cùm primùm animum ad scribendum appulit,
Id sibi negotii credidit solùm dari,
Populo ut placerent quas fecisset fabulas.

Lorsque Térence se mit à travailler pour le Théatre, il crut qu'il ne devoit avoir pour but que de faire en sorte que ses Pieces pussent plaire, & divertir le peuple.

Il faut aussi considérer que les frais de la Comédie sont grands, & que l'usage de la Comédie étant de divertir le peuple aussi bien que le Sénat, il faut qu'elle soit proportionnée au goût du Public, c'est-à-dire, qu'elle soit capable d'attirer beaucoup de monde; car sans cela, ne fut-elle qu'un élixir de pensées rares, ingénieuses, fines au souverain point, elle ruineroit les Acteurs, & ne serviroit de rien.

(H) *De leur Nation transplanté en Allemagne.*] Cet Auteur qui a traduit en Italien les Œuvres de Moliere, se nomme Nicolas di Castelli, & prend la qualité de Sécretaire de l'Electeur de Brandebourg. Il a fait imprimer à Leipsik cette traduction à ses dépens, l'an 1698, en quatre volumes in-12.
 Remarque. On ne sçait pas bien dans quel esprit M. Bayle a fait la remarque ci-dessus : il semble qu'il soit surpris que les Œuvres de Moliere aient été traduites en Italien. Cependant il est certain que les Comédies de cet excellent Auteur ont été traduites en plusieurs autres langues : elles ont été traduites en Allemand, & imprimées à Francfort, avec le François à côté. Il s'en est fait aussi une traduction Angloise dont il s'est fait plusieurs éditions à Londres.

DES DIVERS AUTEURS. 255

notre Molière pour la Comédie, se trouve avec de (I) nouvelles circonstances dans un Livre de M. Peraul, intitulé, *Eloges des hommes illustres de ce siecle*. On fera bien aise d'apprendre ce que devint après la mort de Moliere la Troupe de (K) Comé-

---

(I) *penchant... pour la Comédie se trouve avec de nouvelles circonstances.... dans M. Perrault.*] Moliere est un des hommes illustres dont M. Begon, Intendant de Justice & Marine, a fait graver les portaits, & dont il a procuré au Public l'éloge historique. M. Pérault, qui a écrit ces éloges, assure que *Moliere naquit avec une telle inclination pour la Comédie, qu'il ne fut pas possible de l'empêcher de se faire Comédien. A peine eût-il achevé ses études, où il réussit parfaitement bien, qu'il se joignit avec plusieurs jeunes gens de son âge & de son goût, & prit la résolution de former une Troupe de Comédiens, pour aller dans les Provinces jouer la Comédie. Son Pere... le fit solliciter par tout ce qu'il avoit d'amis de quitter cette pensée, & n'ayant pu rien gagner par leurs remontrances, ni par leurs promesses qu'ils lui firent de sa part, il lui envoya le Maître chez qui il l'avoit mis en pension pendant les premieres années de ses études... Mais bien loin que le Maître lui persuadât de quitter la profession de Comédien, le jeune Moliere lui persuada d'embrasser la même profession.... Sa troupe étant formée, il alla jouer à Rouen, & delà à Lyon, où ayant plu au Prince de Conty*, Tout le reste de l'Eloge est bien curieux.

[K] *ce que devint après la mort de Moliere la Troupe.*] Voici ce que j'ai trouvé sur ce sujet dans un Ouvrage de M. Chapuzeau, intitulé, *le Théatre François*. » Cette Troupe » avant que d'être établie au Palais Royal, avoit fait con- » noître son mérite à Paris, sur les fossés de Nesle, & au » quartier de S. Paul; à Lyon, & en Languedoc : elle avoit » passé avec raison pour la plus forte de la campagne. Les » deux freres Béjart & Du Parc étoient du nombre de ces » principaux Acteurs. Du Croisy, chef d'une Troupe de » campagne, & la Grange, très-bon Comédien, se joigni- » rent avec eux. Elle occupa quelque tems la salle du Petit „ Bourbon, en s'accommodant avec les Comédiens Italiens „ que l'on y avoit déjà établis. Ensuite le Théatre du Palais „ Royal lui fut ouvert, elle y representa jusqu'au commence- „ ment du Carême 1673. Moliere étant mort dans ce tems- „ là, il y eut quatre Comédiens de sa Troupe qui prirent „ parti dans celle de l'Hôtel de Bourgogne; & comme ceux „ qui restoient ne furent pas en état de continuer, il plut „ au Roi de réduire en un seul corps la Troupe du Marais,

diens dont il avoit été le chef: cela peut fort servir à faire connoître le mérite de cet Auteur.

,, & la Troupe du Palais Royal. Cette Troupe du Marais
,, avoit été établie en 1620, sous le titre de la Troupe du
,, Roi. M. Colbert fut chargé de faire un choix des plus ha-
,, biles Acteurs, qui restoient dans la Troupe du Palais
,, Royal, & des plus habiles de celle du Marais, & d'en
,, former une belle Troupe, sous le nom de la Troupe du
,, Roi. Elle fut établie dans la rue Mazarine, dit autrement
,, de Nesle, & commença à se montrer en Public le Diman-
,, che 9 de Juillet 1673. Le Théatre du Palais Royal & ce-
,, lui du Marais furent interdits aux Comédiens.

RECUEIL
DE
DIVERSES PIECES.

STANCES POUR M. MOLIERE.

EN vain mille jaloux esprits,
Moliere, osent avec mépris,
Censurer un si bel ouvrage :
Ta charmante naïveté
S'en va pour jamais d'âge en âge.
Enjouer la postérité.

*

Ta Muse avec utilité
Dit plaisamment la vérité :
Chacun profite à ton école,
Tout en est beau, tout en est bon,
Et ta plus burlesque parole
Est souvent un docte sermon.

*

Que tu ris agréablement !
Que tu badines sçavamment !
Celui qui sçût vaincre Numance,
Qui mit Carthage sous sa loi,
Jadis sous le nom de Térence,
Sçût-il mieux badiner que toi ?

*

Laisse gronder tes envieux,
Ils ont beau crier en tous lieux,

Que c'eſt à tort qu'on te révére ;
Que tu n'eſt rien moins que plaiſant ?
Si tu ſçavois un peu moins plaire,
Tu ne leur déplairois pas tant.

EPITAPHE.

Sous ce tombeau giſent Plaute & Térence ;
Et cependant le ſeul Moliere y gît :
Leurs trois talens ne formoient qu'un eſprit,
Dont le bel art réjouiſſoit la France,
Ils ſont partis, & j'ai peu d'eſpérance
De les revoir malgré tous nos efforts :
Pour un long-tems, ſelon toute apparence,
Térence & Plaute & Moliere ſont morts.

AUTRE.

Ci gît, parmi les trépaſſés,
Qui jouoit un chacun d'une hardieſſe extrême ;
Mais ce fameux bouffon n'en ſçavoit pas aſſez,
Pour empêcher la mort de le jouer lui-même.

AUTRE.

Ci gît ſous cette froide biere
Le fameux comique Moliere,
Mais je ne ſçais pas s'il dort :
Car lui, qui ſcut tout contrefaire,
Ne fit jamais ſi bien le mort.

EPITAPHE.

CI gît Moliere, c'eſt dommage,
Il faiſoit bien ſon perſonnage ;
Il excelloit ſur-tout à faire le Cocu ;
A lui ſeul à la Comédie,
Tout à la fois nous avons vu
L'original & la copie.

EPIGRAMME.

QUoi ! C'eſt donc le pauvre Moliere
Qu'on porte dans le cimetiere,
S'ecriérent quelques voiſins !
Non, dit certain Apothicaire,
C'eſt le Malade imaginaire,
Qui veut railler les Médecins.

AUTRE.

J'Ai de tous les Etats découvert le myſtere,
Des Grands & des Dévots, du Marquis, du vulgaire :
Jouant le Médecin, je me ſuis échoué ;
Je meurs ſans Medecin, ſans Prêtre, & ſans Notaire ;
J'ai joué la mort même, & la mort m'a joué.

EPIGRAMME.

Il est passé, ce Moliere,
Du Théatre dans la biere ;
Le pauvre homme a fait faux-bon ;
Ma foi, ce renommé bouffon
N'a pas sçu si bien contrefaire
Le Malade imaginaire,
Qu'il fait le mort tout de bon.

AUTRE.

Oui, sept Villes pour Homere
Eurent jadis des débats ;
Chacune, s'en disant la mere,
Le vouloit avoir ; mais las !
A l'égard du grand Moliere,
Dont Paris fait tant de cas,
Le sort se trouve tout contraire,
Et la différence est entiere,
Même chose ce n'est pas.
A-t-il fermé la paupiere,
Dans sa mort imaginaire ;
Son corps, après son trépas,
Trouve à peine un cimetiere.

EPITAPHE.

CI gît le Térence François,
Qui mérita pendant sa vie
De divertir, malgré l'envie,
Le plus sage de tous les Rois.
Il a poussé l'esprit comique
Jusques au dernier de ses jours ;
La mort en arrêtant le cours,
Il a fini par le tragique.

EPIGRAMME.

SI dans son art c'est être un ouvrier parfait,
  Que de bien sçavoir trait pour trait
   Imiter la nature,
Moliere assurément doit être estimé tel ;
Michel-Ange, le Brun, & toute la peinture,
Comme lui n'ont sçu faire un mort au naturel.

AUTRE.

FAcheux, Bigots, Cocus, Médecins, Avocats,
Ignorans & Sçavans, Nobles, Bourgeois, Prélats,
J'ai tout joué ; la mort même a craint ma Satyre ;
J'ai fait, pour la berner un généreux effort ;
Elle m'en a puni : mais enfin je puis dire
  Avoir joué jusqu'à la mort.

EPIGRAMME.

Moliere n'eſt pas mort, c'eſt une erreur de ſuivre
La foi que de ce bruit on veut par-tout ſemer :
S'il a rendu l'eſprit qu'on a vu l'animer,
   Deux mille autres le font revivre.

EPITAPHE.

Ci gît l'illuſtre Auteur d'une juſte Satyre,
Du ſiecle corrompu le fléau terraſſant,
   Dont le trépas, quoique récent,
Donne à beaucoup de gens l'audace de médire,
On ne voit toutefois que le cagot ſourire,
   Ou le Médecin innocent,
A ce qu'un Marquis ſot en dit en grimaçant,
Parce qu'il a voulu tous les trois interdire.
   Montre-toi plus ſage, paſſant ;
   Et ſi ton cœur reconnoiſſant
   Se plût à ſa façon d'écrire,
Areſſe en ſa faveur des vœux au Tout-puiſſant,
Et donne quelques pleurs à qui te fit tant tire.

EPITAPHE.

Passant, ici repose un qu'on dit être mort ;
Je ne sçais s'il l'est, ou s'il dort :
Sa maladie imaginaire
Ne peut l'avoir fait mourir ;
C'est un tour qu'il joue à plaisir ;
Car il aimoit à contrefaire.
Quoiqu'il en soit, ci gît Moliere ;
Comme il étoit grand Comédien ;
S'il fait le mort, il le fait bien.

STANCES
SUR LA MORT DE MOLIERE.

Dans le même tems que mourut
Ce grand, cet illustre Moliere,
On dit que la Parque voulut
Lui donner un Apothicaire.

✽

Un Médecin mourut aussi,
D'une science assez profonde :
Un Procureur en fit ainsi,
Allant plaider dans l'autre monde.

✽

Voilà de bonnes gens ensemble,
Un Procureur, un Médecin,
Un Apothicaire ; & me semble,
Que Moliere est le passe-fin.

Le Médecin voyant Moliere,
Lui dit d'un ton de goguenard :
Hé bien, Malade imaginaire,
Vous voilà pris comme un renard.

Survint auſſi l'Apothicaire,
Qui lui dit, mais d'un ton plus doux :
Si vous aviez pris un clyſtere,
Vous ne ſeriez point avec nous.

Le Procureur prit la parole,
Et lui dit, parlant de tous deux :
Ils ont joué ſi bien leur rôle,
Qu'ils m'ont fait venir avec eux.

Moliere alors prenant parti,
Dit au Procureur : je vous prie,
Faiſons enrager ces gens-ci,
Et je ferai votre partie.

De peur d'oublier ſon métier,
Le Procureur dit à Moliere :
Ne leur donnez point de quartier,
Et j'aurai ſoin de votre affaire.

Moliere avec ſon Procureur
Ayant commencé cette guerre,
Le Médecin, l'Apotihicaire
Se ſont enfuis tous deux de peur.

Par-tout ſe rendent effroyables
Et Moliere & le Procureur,
Puiſque même parmi les diables
Ils jettent d'horribles terreurs.

EPITA

DE DIVERSES PIECES.

EPITAPHE.

CI gît qui sçavoit l'art de rire
Aux dépens de tout l'Univers ;
Et d'assaisonner ses bons vers
Du sel piquant de la satyre.
D'un style agréable & bouffon,
Qui ne fut jamais trouvé fade,
Il a joué sain & malade,
Homme, femme, jeune & barbon.
Le cocu, le jaloux, le plaisant, le critique,
Le Gentilhomme & le Bourgeois,
Le Marquis & le Villageois,
Ont été le sujet de sa veine comique :
Heureux s'il n'avoit pas enfin
Attaqué l'Hypocrite avec le Médecin ;
Ces derniers lui gardant une haine intestine,
L'ont laissé sans secours descendre au monument,
Le Médecin sans médecine,
Et le Bigot sans Sacrement.

LES MÉDECINS VENGÉS,

OU

LA SUITE FUNESTE

DU MALADE IMAGINAIRE.

Depuis long-tems une erreur sans seconde
Dans l'esprit des mortels régnoit absolument,
Et dans tous les recoins du monde

Son pouvoir s'étendoit universellement,
 Quand un des grands hommes de France,
 Moins renommé par sa naissance
 Que célebre par ses Écrits,
 Reconnoissant cette chimere,
 Voulut en la rendant vulgaire,
 Désabuser jusqu'aux moindres esprits.
 Ce fut cet homme incomparable,
 Cet excellent peintre des mœurs,
Moliere enfin, de qui la plume inimitable
Voulut des Médecins, par un trait admirable,
 Représenter les brutales humeurs.
 Il connut que l'idolâtrie
 Que les hommes ont pour la vie,
 Etoit le seul fondement de leur art ;
Et que bien loin de soulager nos peines,
 Leur esprit n'avoit d'autre égard
Que de tirer profit des foiblesses humaines.
 Comme dans un vivant tableau,
 Nous remarquons dans sa piece derniere,
Qu'un homme se faisant malade imaginaire,
Se croit, étant très-sain, proche de son tombeau:
 Qu'un Médecin plein d'arrogance
 Entretient par son ignorance
Cette erreur ridicule ; & par un soin fatal,
Loin qu'à la dissiper son esprit s'étudie,
 Il augmente la maladie,
 Pour d'autant plus profiter de son mal.
 Par ses ordonnances séveres,
 Il lui prescrit, dans l'espace d'un mois,
Douze purgations, quinze ou seize clisteres,
Sans les syrops desquels son caprice fait choix.
C'est ce qui nous fait voir que de la Médecine
 L'art fut trouvé plus pour notre ruine,
 Que pour notre soulagement ;
Puisque, pour peu de mal que peut avoir un homme,
 L'excès des remedes l'assomme,

Ou corrompt la bonté de son tempérament ;
   Et ces Docteurs pleins d'avarice,
   Se font riches à nos dépens ;
   Et qu'au lieu de chez les Marchands
Nous prenons simplement ce qui nous est propice,
Il nous faut, chez ces gens, loin de ce qui nous
 sert,
   Prendre le poison qui nous perd ;
Et loin qu'aucun dégoût au refus nous obstine,
Il faut non-seulement, par un fâcheux destin,
   Que nous payions notre assassin,
Mais encore le fer dont il nous assassine.
   C'est que cet illustre Auteur,
   Dans sa Piece nous fit paroître ;
   Mais en nous le faisant connoître,
   Il attira lui-même son malheur :
   Les Médecins d'intelligence,
   Aspirant tous à la vengeance,
Chercherent les moyens de se la procurer,
   Et par une mort exemplaire
Ils conclurent enfin, qu'il falloit réparer
Le tort qu'à leur sçavoir sa plume avoit pu faire.
   Cependant l'exécution
   Leur en paroissoit difficile,
D'autant que près de lui leur science inutile
Ne leur en fournissoit aucune occasion.
   Poussés d'une fureur extrême,
   Ils conjurerent la mort même
   D'entreprendre ce coup pour eux ;
Et pour plus aisément la porter à le faire,
   Le plus âgé d'un air respectueux,
   Lui parla de cette maniere :
Souveraine des Rois, maîtresse des humains,
Qui tenez de leurs jours le destin en vos mains
Et de qui le suprême & redoutable empire
S'étend également sur-tout ce qui respire ;
Voyez d'un œil benin vos pauvres substituts,
Les humbles Médecins à vos pieds abattus,

Qui dans l'accablement d'un désespoir extrême,
Ne peuvent recourir qu'à leur Princesse même.
Vous ne sçavez que trop avec quels soins heureux
Chacun de nous travaille à contenter vos vœux,
Que pour faciliter votre atteinte mortelle,
Nous dissipons des corps la vigueur naturelle ;
Et que sans le secours de nos médicamens,
Les hommes pourroient vivre encore plus long-tems :
Cependant, ce n'est pas pour vanter nos services,
Ni demander le prix de tous nos sacrifices,
  Que nous osons paroître devant vous :
Nous ne nous prosternons, Madame, à vos genoux,
Que pour vous demander justice de Moliere :
C'est lui qui nous détruit dans l'esprit du vulgaire,
Et qui sur son Théatre ose à tous faire voir
Que notre intérêt seul fait tout notre sçavoir ;
Que nous n'avons des maux aucune connoissance ;
Que de nous les humains tirent peu d'assistance ;
Et que loin de sçavoir l'art de les secourir,
Nous ne les guérissons qu'en les faisant mourir.
Jugez à quel mépris cet homme nous expose.
Mais, quoique vous dussiez prendre en main notre cause,
Et détruire qui cherche à nous détruire tous ;
Vous ne devez venger, grande Reine, que vous.
Oui, cet impertinent, par une audace extrême,
Va jusqu'à vous jouer sur son Théatre même ;
Et par la feinte mort, qu'au public il fait voir,
Il brave de vos traits l'invincible pouvoir.
Vengez-vous donc, Madame, & de son insolence,
Punissez l'orgueilleuse & coupable licence :
Montrez, en le perçant de véritables coups,
Qu'on ne se moque point impunément de vous ;
Que vous sçavez braver, qui comme lui, vous brave,
Que le plus grand mortel vous est moins qu'un esclave ;

Quand il a du mépris pour votre autorité :
Et c'est à quoi conclut notre humble Faculté.
La mort, à ce discours, furieuse, emportée
 D'un transport non accoutumé,
Prend de ses traits mortels le plus envenimé ;
Et pour ne plus trouver sa fureur arrêtée,
 Elle quitte les Médecins,
Qui ne pénétrans pas ses funestes desseins,
 Croient avoir perdu leurs peines :
Et puisqu'elle s'enfuit sans leur répondre rien,
 Elle leur témoigne assez bien
Qu'elle ne prétend pas satisfaire leur haine.
 Cependant à ce coup fatal
 La cruelle trop empressée,
Ne croit pas son offense assez bien effacée,
Si Moliere ne meurt dans le Palais Royal.
Elle entre, elle en approche, & veut se satisfaire ;
Mais voyant qu'il la brave, & que tout au contraire
D'exciter de l'horreur, elle augmente les ris,
 Pleine de honte & de furie,
 Elle quitte la Comédie,
 Et va l'attendre à son logis.
 C'est-là que l'illustre Moliere
 Arrive malheureusement,
 Et trouve en son appartement,
 Cette barbare meurtriere.
A peine est-il entré, que d'un trait inhumain,
 Conduit par sa funeste main,
 Elle rend sa rage assouvie ;
Et sortant de ce lieu d'un pas précipité,
Laisse pour mieux marquer sa noire cruauté,
Ce grand homme à la fois sans parole & sans vie,
 Telle qu'en sortant du combat
Paroît une Amazone après une victoire,
 Telle, après son assassinat,
Parut aux Médecins la Mort pleine de gloire.

M 3

Ne craignez plus, dit-elle avec un air hautain,
Celui qui de votre art détrompoit le vulgaire,
Celui qui m'outrageoit, & vous étoit contraire,
 Vient d'être percé de ma main :
 Travaillez donc pour mon empire ;
 Pour l'agrandir, employez-vous ;
  Et puisque je suis pour vous,
Scachez que désormais nul n'osera vous nuire.
Alors les Médecins, d'un ton plein de transport,
 Crierent tous, Moliere est mort.

EPITAPHIUM

PRO MOLLERO COMŒDO.

Hic facunde jaces facetiarum,
Molleri, arbiter & pater jocorum,
Salsi dramatis artifex & actor
Ausus qui proceres & urbem,
Plaudentes simul, & simul frementes,
Noras utilibus docere nugis,
Et ridens vitium vafer notabas,
Ipso sic melior Catone censor.

MADRIGAL.

Quand Moliere employant de l'art les plus beaux traits,
Nous peignit des humains les différens portraits,
Nous dûmes nos plaisirs à son rare génie :
Mais il ne doit qu'à lui cet honneur sans égal,
  D'avoir été l'original,
Dont la France jamais ne verra de copie.

PLACIDIS MANIBUS

JOANNIS-BAPTISTÆ

POQUELINI MOLLERII,

COMICORUM SUI SÆCULI
Poëtarum facilè principis.

EPITAPHIUM

Hic situs est vitiorum hominum, dum viveret,
   hostis,
Illos cùm scriptis, voce vel argueret.
Dicendo verum vitiis non ipse pepercit.
   Huic Deus ut parcat, Lector amice, roga.

Traduction de l'Epitaphe ci-dessus.

Ci gît cet ennemi des vices de son tems,
   De qui la voix fit autant que la plume.
Il sçut par l'une & l'autre, en délassant nos sens,
   Des séveres leçons corriger l'amertume:
Homme, qui que tu sois, qui l'eus pour ton censeur,
   N'épargnant pas tes mœurs ni ta personne,
Pour le payer des soins qui t'ont rendu meilleur,
   Prie au moins Dieu qu'il lui pardonne.

FAUSTIS MANIBUS JOANNIS-BAPTISTÆ POQUELINI MOLLERII, EPITAPHIUM.

PLaudebat, Moleri, tibi plenis aula theatris,
  Nunc eadem mœrens post tua fata gemit.
Si risum nobis movisses parcius olim,
  Parcius heu lacrymis tingeret ora dolor.

SONNET.

LA Parque m'a surpris, personne ne l'ignore;
Son coup fut aussi prompt que le feu des éclairs;
Mais mon renom fameux dans le bas Univers,
Malgré ce choc mortel, m'y fera vivre encore.

Les fleurs que dans ses champs l'Hélicon voit éclore,
Reçurent de mes soins mille ornemens divers;
On ne peut rien trouver de si beau que mes vers,
Et de son propre encens Apollon les honore.

Le plus grand Roi du monde en vanta les attraits,
Hippocrate gémit sous l'effort de leurs traits,
Et le vice avec eux se vit toujours en guerre.

Un faux zele pourtant à la fin m'entreprit;
Mais pendant qu'à mon corps on refusoit la terre,
Le Ciel s'ouvrit sans peine à mon divin esprit.

EPITAPHE.

Passant, qui que tu sois, arrête,
Fais pour moi ce dernier effort;
Et si te divertir d'un mort
Te paroît chose assez honnête,
Viens à ma très-humble requête,
Rire un moment de mon folâtre sort.

Pendant que j'ai vécu, j'ai fait la guerre aux vices;
Personne n'échapoit à mes heureux caprices:
J'ai fait voir des bigots le dehors imposteur,
Raillé des Médecins l'art funeste & menteur:
J'ai berné les cocus; &, puisqu'il faut tout dire,
Même exposé la mort aux traits de ma satyre.

— Mais hélas, par malheur pour moi,
La mort n'entend point raillerie;
Et je connois, à sa furie,
Qu'il ne faut jamais rire avec plus fin que soi.

Elle a voulu punir ma bouche téméraire
Par un funeste événement;
Et lorsque je souffrois un mal imaginaire,
Je suis mort effectivement.

Adieu, va-t-en, je t'en convie,
Et verse quelques pleurs en faveur de mon sort.
Mais on a, par malheur, tant ri pendant ma vie,
Que je ne m'attends pas qu'on pleure après ma mort.

EPITAPHE.

Moliere est dans la fosse noire,
On dit qu'il est mort tout de bon.
Pour moi je n'en sçaurois rien croire ;
L'Acte est trop sérieux pour être d'un bouffon.

SONNET IRRÉGULIER.

C'est un Médecin qui parle.

Moliere est mort ; qu'elle étrange nouvelle !
Comment, sans en frémir, apprendre ce revers ?
Il est mort, oui, sans doute, & la Parque cruelle
De ce monstre, sans nous, a purgé l'Univers.

Que votre injustice est étrange !
Destins, ignoriez-vous quel est notre pouvoir ?
Et ne deviez-vous pas sçavoir
Le plaisir que l'on goûte alors que l'on se venge ?

Quoi donc ? sera-t-il dit qu'avec impunité
L'ennemi de la Faculté
Porte parmi les morts le fruit de sa victoire ?

Si nous avions encore ce chagrin à souffrir,
Que ne nous laissoit-on, au moins pour notre gloire,
La consolation de le faire mourir.

Fin du huitieme & dernier Tome.

www.ingramcontent.com/pod-product-compliance
Lightning Source LLC
Chambersburg PA
CBHW062015180426
43200CB00029B/997